A BRIEF HISTORY
OF GERMANY

德 国 简 史

[美] 玛丽·普拉特·帕米利◎著
刘小君◎译

北京理工大学出版社
BEIJING INSTITUTE OF TECHNOLOGY PRESS

版权专有 侵权必究

图书在版编目（CIP）数据

德国简史 /（美）玛丽·普拉特·帕米利著；刘小君译. —北京：北京理工大学出版社，2020.8
ISBN 978-7-5682-8547-6

Ⅰ.①德… Ⅱ.①玛… ②刘… Ⅲ.①德国—历史—通俗读物 Ⅳ.①K516.09

中国版本图书馆CIP数据核字（2020）第096602号

出版发行 / 北京理工大学出版社有限责任公司
社　　址 / 北京市海淀区中关村南大街5号
邮　　编 / 100081
电　　话 /（010）68914775（总编室）
　　　　　（010）82562903（教材售后服务热线）
　　　　　（010）68948351（其他图书服务热线）
网　　址 / http://www.bitpress.com.cn
经　　销 / 全国各地新华书店
印　　刷 / 三河市金元印装有限公司
开　　本 / 880毫米×1230毫米　1/32
印　　张 / 5.5　　　　　　　　　　　责任编辑 / 李慧智
字　　数 / 100千字　　　　　　　　　文案编辑 / 李慧智
版　　次 / 2020年8月第1版　2020年8月第1次印刷　责任校对 / 刘亚男
定　　价 / 45.00元　　　　　　　　　责任印制 / 施胜娟

图书出现印装质量问题，请拨打售后服务热线，本社负责调换

菲利普二世

1797年，拿破仑把威尼斯当作祸根扔到德皇的膝下来换取荷兰

腓特烈大帝在无忧宫的长笛演奏会上

腓特烈·巴巴罗萨的婚姻

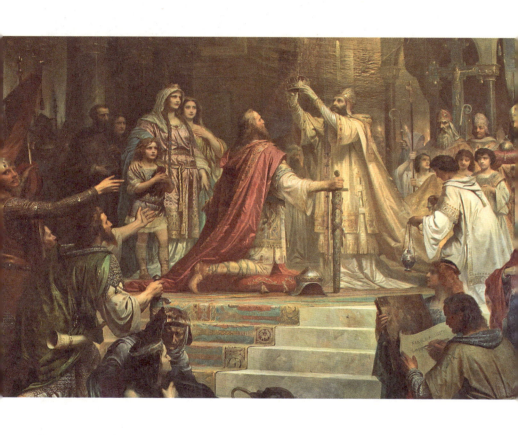

公元800年,查理大帝加冕

利奥十世教皇

序　言

去了解能够创造一个伟大国家的力量,并了解国家发展的每一个进步过程,比了解其发展过程中的各个事件和变故更加重要。

为了避免有人批评这部"德国简史"中缺少某些事件,作者想要声明,本书一直尽量严格遵循发展的主线,对不直接涉及主线的细枝末节不予赘述。

历史的细节纵然迷人,但却是次要的,不妨在游历完主线并理解透彻后再行探索。

这就是这本书大体上遵循的理念。

玛丽·普拉特·帕米利

1897年6月21日,纽约

目 录 Contents

第一章
印欧移民 001

雅利安种族分支进入欧洲种族 002

日耳曼民族 003

第二章
赫尔曼 005

瓦卢斯战败 006

古代日耳曼人的特点 008

第三章
社会环境 009

政体 010

罗马的哥特人 011

日耳曼种族遍布欧洲大陆 012

不列颠的盎格鲁人和撒克逊人 013

第四章
乌尔菲拉 015

匈奴入侵 016

罗马帝国的消亡 017

东罗马帝国 018

教会权力的增长 019

查理大帝　020
法兰西和德意志分离　021
封建制度　021

第五章

早期形势　023
匈牙利人的入侵　023
骑士制度　024
教皇与皇帝敌对　025
亨利四世　026
卡诺莎之行　027
霍亨斯陶芬王朝之始　028
韦尔夫和魏布林根　029
腓特烈一世巴巴罗萨　031

第六章

帝国软弱的根源　033
大空位期　034
《尼伯龙根之歌》　035
汉萨同盟　035
行业公会　036

第七章

社会环境　038
瑞士追求独立　039
文化启蒙　040
金玺诏书　040
胡斯战争　041

一个霍亨索伦家族成员接受勃兰登堡领土作为抵押品　042
　　火药的发现　043
　　腓特烈三世统治下的社会环境　043
　　印刷术的发明　044

第八章
　　欧洲总体形势　047
　　发展中的中央集权趋势　048
　　马克西米利安一世　049
　　新的世界　049
　　西班牙崛起　050
　　伊莎贝拉女王　051
　　查理五世　052

第九章
　　弗朗西斯一世、亨利八世和查理四世之间的三方博弈　053
　　教皇利奥十世　056
　　马丁·路德　057
　　沃尔姆斯议会　058
　　农民战争　059
　　《奥格斯堡信纲》　060
　　查理五世受挫　060
　　新信仰的分裂及加尔文主义　061
　　施马尔卡尔登联盟　062
　　查理五世退位　063
　　菲利普二世及查理五世之死　064
　　斐迪南一世、特伦托会议及耶稣会　064

第十章

新旧教的斗争　066

徒劳的等待　067

文艺复兴——音乐、艺术和文学的新生　068

思想觉醒　069

三十年战争开始　070

华伦斯坦　071

古斯塔夫·阿道夫　072

黎塞留　074

华伦斯坦之死　074

领土的划分　075

第十一章

罗马-日耳曼帝国的消亡　077

欧洲形势　078

路易十四　078

民族精神衰退及勃兰登堡崛起　079

联合反对路易十四　080

在腓特烈一世统治下勃兰登堡成为普鲁士　081

与英格兰结盟　082

领土变化　083

查理十二世和彼得大帝　083

腓特烈·威廉一世　084

混乱时期的思潮　086

德国思辨哲学的诞生　087

第十二章

腓特烈大帝　088

冯·凯特的死刑　089
腓特烈在波茨坦　090
腓特烈二世，普鲁士国王，玛利亚·特蕾莎女皇　090
奥地利王位继承战争　091
两位统治者的个人特点　092
腓特烈成为"大帝"　093
伏尔泰的影响　094
思想的发展与本土文学的诞生　096
伏尔泰在腓特烈的皇宫　097
皇帝和诗人近距离接触后的变化　097

第十三章

英法在美洲的边界之争　099
玛利亚·特蕾莎加入法兰西　099
反对腓特烈二世的同盟　100
七年战争　101
普鲁士成为"五大强国"之一　102
内外形势　103

第十四章

玛丽·安托瓦内特嫁给法国路易公爵　105
哈布斯堡改革失败　106
浪漫主义取代文学中的感伤主义　108
路德对文学的影响　108
腓特烈由其侄子继任　109
普鲁士占据德意志帝国统治地位的影响　110
风暴前的宁静　110

第十五章

风暴伊始　112
国王和王后的死刑　113
一个共和国和第一个联盟　113
波兰及其分治　114
拿破仑·波拿巴在意大利　115
拿破仑在埃及　117
第二个联盟　117
拿破仑，命运的工具　118

第十六章

法兰西皇帝拿破仑　119
第三个联盟　120
帝国解体及弗朗茨二世退位　121
耶拿战役及《提尔西特和约》　121
大陆性封锁　122
与玛丽·路易莎的婚姻　123

第十七章

巴伐利亚农民起义　125
入侵俄罗斯　126
败退　127
约克将军领导的大众运动　128
莱比锡战役　129
拿破仑被废黜和国王路易十八　130
拿破仑归来　131
战败滑铁卢　132

第十八章

重建　133

《联合法案》　133

人民的情结　135

弗朗茨二世去世　136

法兰西的共和国　137

欧洲革命之火燃烧　138

意大利革命　140

国王维克多·埃马纽尔和普鲁士国王威廉一世　140

第十九章

威廉国王和俾斯麦　142

石勒苏益格-荷尔斯泰因　143

提议分裂　144

反奥地利战争　146

北德联盟　147

第二十章

拿破仑三世计划推翻普鲁士的统治　149

西班牙王位空缺　150

贝内德蒂和威廉国王　151

法兰西宣战　151

德意志帝国加冕世袭皇帝　153

皇帝威廉一世之死　154

威廉二世皇帝　155

第一章

印欧移民

  在建筑过程中,地基的建设既不赏心悦目,也不会别具趣味,但是却不可或缺。无论一座多么精美的建筑物,都需要坐落在粗糙的基石上。如果能在草图中同时展示出尖塔、城垛和彩绘玻璃窗,那无疑能让人更加满意,然而只有坐落在西班牙的城堡才能实现这一点。

  如果我们要了解今天的德国,就必须要了解其历史的缩影,并仔细观察它在漫长岁月中的曲折经历。

  德意志民族具有古老的血统,是真正的雅利安人后裔,其祖先根源不断上溯,可追溯到亚洲的中心,再往前,则因年代久远,消失在远古的迷雾中。

  雅利安人的发源地笼罩在神秘之中,驱使他们一波又一波迁入欧洲的原因我们也知之甚少。但我们明确地知道,在大约公元前一千多年,当最后一波人潮布及东欧或俄罗斯时,这片大陆已经被完全淹没。

  在雅利安人到来之前,和今天一样,莱茵河日夜流淌,阿尔卑斯山的白色峰峦直入云霄，多瑙河、隆河奔流入海。这里难道是一片无人居住的美丽荒野，在默默等待着得天独厚的亚洲人来占有它吗？当然不是！这里曾经有过人类。当然，如果现代研究和探索所发现的这个物种可以被称之为人类的话。只是在最近30年里，我们才了解到了关于这些史前人类的一切，现在已经能大致准确地描述他们了。他们拥有野兽一样的外表，并像野兽一样生活，居住在洞穴里。然而，一种更高级的人性本能驱使他们用鸟和鱼的雕刻装饰洞穴。有一点可以确定，其大脑并不能完成最简单的文明所必需的思维过程，生命之于他们，或许还只是一种强烈的食欲和残忍的本能。这就是雅利安人踏出希腊和意大利到达这片神秘土地时所遇到的物种。

这一可怕种族的灭绝或者说在某种程度上的同化，必然经历了几个世纪的残酷冲突。不难想象，这里将会产生像五百年来恐怖地统治着欧洲的北方野蛮人一样的人类，这些无所畏惧、凶猛可怕的人，却具有敏锐的文明本能——潜伏的雅利安细菌，一旦接触到一个优秀的种族时，就能迅速繁衍。

雅利安种族分支进入欧洲种族

最早的印欧移民应该到达了希腊和意大利，在那里奠定了世界文明的根基。第二批移民可能踏入了西欧和不列颠群岛。经过许多世纪后，他们蔓延到大陆中部。最后，也是相对较近的一次，他们到达欧洲大陆的东部。

因此，到公元前4世纪，雅利安民族的三大分支占据了欧洲的希腊北部和意大利地区，他们是西部的凯尔特人、中部的日耳曼人、东部的斯拉夫人。这些大分支又分化出了新的小分支或部落。

如果将其描述成一个家谱，雅利安人是缔造者，是家里的父亲；斯拉夫人、日耳曼人和凯尔特人是三个儿子。高卢人和大不列颠人是凯尔特人的儿子，撒克逊人、盎格鲁人、赫尔维西亚人等是日耳曼人的儿子，他们都相当于雅利安人的孙辈。如果进一步延伸，我们可以猜想，有一些更年长的孩子，很久以前就离开了家族，定居在里海和地中海沿岸：米堤亚、波斯、希腊、罗马；虽然他们看上去与公元前4世纪占据欧洲的野蛮弟弟们几乎没什么亲缘关系，但他们的确来自同一个发源地，拥有共同的祖先。

我们现在要讲的是雅利安家族的日耳曼支系，他们和他们的兄弟凯尔特人之间隔着莱茵河。

日耳曼民族

直到公元前330年左右，希腊航海家皮西亚斯[①]从波罗的海返航

[①] 皮西亚斯，Pytheas，希腊航海家、地理学家、天文学家，活跃于公元前3世纪，成就卓著。——译者注

回家,讲述了他所遭遇的哥特人(古代日尔曼民族的一支)的可怕故事,希腊人和罗马人才意识到日耳曼人的存在。大约公元前1世纪,意大利人已经能够自己判断故事的准确性了。那时,哥特人被海上的入侵者驱离家园后,洪流般涌入意大利北部诱人的葡萄园。哥特人身材高大,黄发蓝眸,眼神凶狠,人们视其为异类,纷纷惊慌失措地逃走,使得哥特人可以留下来悠闲地享受葡萄园的盛宴!

对这些可怕的异类的描述传到了罗马,人们很快就知道了他们穿着铁胸甲,戴着冠以野兽头颅的头盔,手持在阳光下闪闪发光的白色盾牌,他们中最可怕的是身着白色亚麻袍子的女巫,她用人来祭神。

但是,人祭并没有抵挡住伟大的执政官马略[①]率领的罗马大军的反击。笨拙的哥特人并非技艺高强的罗马人的对手,公元前102年,侵略者被消灭在艾克斯附近的平原上。女人们在绝望中先杀了她们的孩子,然后自杀。只有少数人作为马略取得胜利返回罗马时的俘虏而存活下来。这是日耳曼人第一次出现在罗马,他们最后一次出现是在500年后,那时的形势已大为不同。

---

① 盖乌斯·马略(公元前157—公元前86年);Gaius Marius,古罗马军事家、政治家,实行军事改革,击败了日耳曼人。——译者注

第二章

赫尔曼①

在第一次被罗马人入侵时，德意志种族被划分为不同的部落，大部分时间，这些部落都处于激烈的冲突之中。其中一个叫作切鲁西（Cherusci）的部落占据了现今汉诺威市（Hanover，德国城市）的南部地区。他们的首领赫尔曼年轻时作为人质被带到罗马，并在那里接受过教育。

赫尔曼是第一个梦想统一德意志的人。当耶稣在巴勒斯坦逐渐成长为少年时，这位赫尔曼在罗马学习拉丁语和罗马历史。他在阅读的同时也在思考，发现罗马人通过联合而获得了如此巨大的力量。如果他的人民团结起来，作为一个国家矗立于世界，难道不会因此也变得伟大吗？这些罗马人贪图享乐，且品行不端。而他那些远在荒凉故乡的日耳曼族人，却充满了纯真和正直。他们不会嘲笑

---

① 赫尔曼（前18/17—21年），Hermann，通常被称为阿米尼乌斯，罗马时代著名的日耳曼政治家、军事家及民族英雄，以在日耳曼战争中大败罗马帝国闻名，于公元21年被人暗杀。——译者注

弱小，他们粗野却真诚，爱将父母和孩子紧紧地联系在一起。统一德意志的想法，占据了赫尔曼的大脑。他决定倾其一生来实现这一目标。于是，他返回故土，以兄弟手足的深厚情谊和激情澎湃的家国情怀，激励他的同胞、他的种族。

伟大的罗马将军尤利乌斯·恺撒[①]时任高卢总督，他正一只眼睛眺望着不列颠，另一只眼睛凝视着德意志，步步为营，逐步将整个欧洲纳入罗马的麾下。

瓦卢斯战败

奥古斯都[②]把征服顽固的日耳曼人的任务交给了瓦卢斯[③]将军。公元9年，瓦卢斯率领大军深入德国。在这片陌生的土地上，瓦卢斯依靠在罗马认识的朋友赫尔曼作为他的向导和顾问，这位年轻的将军对自己的征服计划和战略部署信心十足。

瓦卢斯将军和他全副武装的大军毫无防备地行进着，仿佛假日

---

① 尤利乌斯·恺撒（前100年7月—前44年3月15日），Julius Caesar，罗马共和国末期的军事统帅、政治家，是罗马共和国体制转向罗马帝国的关键人物，欧洲史称恺撒大帝。——译者注
② 盖维斯·屋大维·奥古斯都（前63年9月23日—14年8月19日），Gaius Octavius Augustus，罗马帝国的第一位元首（Princeps）。——译者注
③ 瓦卢斯（前46—9年），Varus，奥古斯都统治下罗马帝国的政治家和将军，在条顿堡森林战役被阿米尼乌斯伏击，失去了三支罗马军团，瓦卢斯自己亦因战败而自杀。——译者注

远足一般,而赫尔曼却带领他们径直走进了条顿堡森林(Teutoberger Forest)的要塞中。

军队被困在茂密的森林里,四周沼泽遍布,地面上除了湿滑的泥淖外没有半点道路。这时,雷鸣般的呐喊声响彻云霄,野蛮人从四面八方涌来。侥幸躲过箭雨的将士,却陷入了泥泞的沼泽之中。对落入圈套中的精锐军团来说,逃跑才是当务之急,哪还有什么取胜可言?最终,只有数人得以逃脱返回,向人们讲述这可怕的经历。而瓦卢斯将军无法承受这奇耻大辱,拔剑自刎。

奥古斯都大帝身披丧服,胡子拉碴,蓬头垢面。他痛苦地嘶喊着:"瓦卢斯啊瓦卢斯,把我的军团还给我!"

然而,像对待其他许多悲情英雄一样,赫尔曼想要引领的人民,却并不理解他。他遏止了罗马征服德国的脚步,可他又得到了什么回报呢?他的人民无法理解他的民族统一梦想。"难道我们要和我们的敌人辛布里人①和苏维比人②做朋友吗?"他们怀疑赫尔曼的动机,并设计整垮了他。德国历史上第一个英雄人物被自己人暗杀了,年仅37岁。他挚爱的妻子图丝涅尔达和他的孩子则被作为战利品送到了罗马。

四个世纪后,我们的撒克逊人祖先,在不列颠群岛传唱着"战神""大统帅"的赞美诗歌,这个"大统帅"就是"德国拯救者"赫尔曼,他虽然没能统一德意志民族,但他阻止了罗马人对他们的

---

① 辛布里人,Cimbri,日耳曼部落之一,起源于斯堪的纳维亚。——译者注
② 苏维比人,Suevi,日耳曼部落之一,源自西迁的女真族部落。——译者注

征服和奴役。数个世纪后,他的统一梦想才得以实现。

古代日耳曼人的特点

那么,1900多年前,赫尔曼所寄予厚望的这些古德意志人是什么样的呢?

他们是异教的野蛮人,没有一丝文明的曙光照耀他们身处的昏暗。他们没有艺术,没有文学,甚至连一个字母都没有。他们凶猛又残忍,但他们的心灵单纯而质朴。他们勇敢、诚实、热情、浪漫,生而正直,并且对未知世界的神秘之处满怀热忱。他们热爱战争和狩猎,家庭和亲情的纽带牢固持久,宗教信仰超越一切,至高无上。

像他们的亲戚斯堪的纳维亚人一样,他们在神圣的树林中祭拜他们古老的祖先雅利安人的神,向沃坦[①]和雷神多纳尔(索尔)献祭。他们以雷神之名命名了星期四(Thursday、Thorsday或Donners-tag)。他们以另一位女神芙蕾雅[②]的名字命名了星期五(Friday或Frei-tag),以示敬意。身着长袍的女祭司从鸟儿的飞行或者野马的叫声中解读上苍的启示,以此来判决人们的命运,此外,她还主持可怕的活人祭祀。

[①] 沃坦,Wotan,斯堪的纳维亚神话中的诸神之神,地位等同于希腊神话中的宙斯。——译者注
[②] 芙蕾娅,Freyja,北欧神话中的爱神和春之女神,掌管爱情与生育繁殖。——译者注

第三章

社会环境

在赫尔曼阻挡住罗马的征服铁蹄后的3个世纪里,一种最初级的文明在德国缓慢发展起来,此时的德国社会分为自由阶级和非自由阶级。

南方的部落与北方的部落差异巨大:他们没有固定的住所,也没有土地所有权;每年,他们通过抽签,选出一半的人留在家里耕田,另一半的人则全年征战,对他们而言,战争与种地一样,都是常年要做的事。

然而,在盎格鲁-撒克逊民族的祖先居住的北方,情况却大不相同。那里的土地永久地归属于部落中的统治阶级,并由他们传给了他们的儿子。非自由阶级的人民耕耘土地,是统治阶级的农奴,此外,只有自由民才能携带武器。

政体

古代的德国没有城市,只是一些由粗陋的棚屋聚集而成的村庄。多个村庄聚集在一起形成一个被称为百户(Hundred)的集群。每个百户都有一个由族人选出来的首领。由所有百户推选出来的人,则是整个部落的酋长或君主。

百户的首领们组成一个咨询委员会,向酋长或君主提出建议。但是人民的意志高于这些首领和他们的酋长(君主)的意志。每个村庄都有自己的人民会议,所有自由民都有权参加。这些会议掌握着真正的统治权力,百户的首领和部落的酋长(君主)都必须遵从其决议。

如果涉及选举新的酋长(君主)或者事关战争这样的重要问题,首领们和酋长(君主)会提前讨论,但最终的决定权在人民手中。如果是为了选出新国王,那就必须召集一次部落全体会议,人们可以举起武器表示赞成,也可大声喊出不同的意见。

由于所有的自由民都可以携带武器,所以他们没有独立的军事组织。每个人都随时准备着响应号召,人民即军队!

大约在3世纪中叶,许多德国小部落合并成了几个大的联盟。其中比较显赫的有阿勒曼尼人、法兰克人、撒克逊人和哥特人。

据说,位于德国南部的阿勒曼尼人(Allemani)之所以被称为阿勒曼尼人,是因为土地归所有男性(all men)共有。如果真是这样的话,那么阿勒曼尼这一名字本质上的意思就是共产主义,何况，共产主义总能在这片土地上蓬勃发展，这也就并不奇怪了。

法兰克人生活在莱茵河和萨尔河的两岸。撒克逊人分布在德国北部。哥特人则居住在第聂伯河两岸，分为东哥特人和西哥特人。

罗马的哥特人

在阿拉里克①的率领下，西哥特人给了罗马帝国最致命的打击。公元410年哥特人洗劫了罗马，随后在西班牙建立哥特王国，动摇了罗马帝国的根基。就算是驻扎在遥远的不列颠的罗马军队，也不能幸免，只能听天由命。命运的安排对我们而言意义深远！撒克逊人和盎格鲁人蜂拥而至，凯尔特人的不列颠即将被日耳曼人吞并。

这些野性难驯的日耳曼人四散蔓延，像一个个蛮横却不断进步的小分队，散布在古老欧洲的土地上。随着法兰克人于481年占领高卢，并将法兰西纳入克洛维②统治下的法兰克王国，整个过程才算完成。

我忍不住提起盎格鲁-撒克逊人占领不列颠的事，这实际上使我们从凯尔特人变成了日耳曼人，因此也不算离题。

---

① 阿拉里克(约370—约410年)，Alaric，又称阿拉里克一世，西哥特国王。410年，阿拉里克率领的西哥特人攻陷了罗马并大举劫掠。——译者注
② 克洛维(466—511年)，481年继承父位成为法兰克部落首领，随后接连吞并其他部落创建法兰克王国，486年占领北高卢。——译者注

日耳曼种族遍布欧洲大陆

从尤利乌斯·恺撒时代起，不列颠群岛就被罗马人占领，因此在一定程度上是文明化和基督教化了。帝国灭亡后，罗马军团撤退，人民手无寸铁，成为北方蛮族皮克特人和苏格兰人的猎物。这简直就是小规模重演了南欧人和哥特人的故事。4世纪时，不列颠人恳求盎格鲁人和撒克逊人来保护他们免受这些野蛮人的侵略。他们以盟友的身份受邀，却以入侵者的身份来到这里，又作为征服者留下来，将他们的生活习惯、语言和宗教植入这座俯首称臣的岛屿。正是对这种外来异教的驱逐，才有了圆桌会议传奇中那些英勇的事迹，使亚瑟王和他的骑士们成为几个世纪以来诗人和乐手们的吟咏主题。

但是撒克逊人就此扎根于此，日耳曼人与凯尔特人相互融合，二者就像狮子与羔羊，所谓的融合必须建立在前者已饱餐一顿的基础上！日耳曼族的撒克逊人可谓在凯尔特人的不列颠群岛享用了一番盛宴，自此成为整个岛屿的主人。直到6个世纪后，诺曼人[①]统治了这里，反过来给撒克逊人套上奴役的枷锁。

这些说法语的诺曼人其实并不是法国人，除非是被法国人收养的；实际上，两个世纪以前的他们是可怕的北欧人，由于他们的劫掠，贵族们只好躲藏在牢固的城堡里，而可怜的农奴们在深深的

---

① 诺曼人，Normans，为古代欧洲民族，起源于丹麦、冰岛、挪威等地，原属诺斯人中的一支维京人。——译者注

恐惧之下不得不出卖自己及所拥有的一切，以换取城墙和护城河的保护。如此一来，奠定了封建制度的基础。正是这些披散着腐臭的长发，挥着战斧、长矛和铁钩疯狂狩猎人类和其他猎物的野蛮人，使法国几个世纪以来一直处于骇人听闻的恐怖当中，但他们最终以体面的法国公民的身份在诺曼底的海滨地带定居下来。在短短两个世纪里，他们在礼仪、着装和语言方面取得了如此惊人的进步，以至于纯正的撒克逊公爵站在这些衣冠堂皇的征服者面前，都会感到窘迫。

神秘的诺曼人起源于何处，我们不得而知。但无论他们是谁，来自哪里，他们一定遗传了雅利安民族的强大基因。

不列颠的盎格鲁人和撒克逊人

撒克逊人在不列颠建造了坚实的种族壁垒。如果不考虑审美，那么他们建造得还不错，坚固且线条分明。而诺曼人则完成并装饰了这一壁垒，但他们没有改变任何一条主线。今天的英格兰人的语言、特性、传统和习惯虽然表面上看起来像日耳曼人，但本质上仍然是撒克逊人。

如果一个英格兰人以膨胀的自尊心称自己是不列颠人时，他就大错特错了。凯尔特-不列颠人早已被深埋在撒克逊人长达7个多世纪的统治之下，之后又在表面涂了一层名为诺曼人的鲜亮油漆。如果说英格兰人这个混合产物的种族渊源是啥，非日耳曼人莫属，所以说英格兰人和爱尔兰人不可能是同种。英格兰-日耳曼人和爱尔兰-凯尔特人在本质上是对立的，这些分子拒绝化学融合，只能以机械混合物的形式聚合在一起（用化学家的语言来说）。

第四章

乌尔菲拉

最早受到基督教文明影响的德意志部落是哥特人。

基督教的种子被命运之风吹送,从巴勒斯坦飘到了信仰异教的德国,从美丽的花园飘荡到黑暗偏僻的森林中。说来也巧,它在这里竟然找到了适宜的土壤,在那里扎根,绽放。

这是一个浪漫的故事。一个来自小亚细亚的基督教男孩在地中海海岸迷路了,他被几个哥特人抓住,他们把这个金发战利品带回家乡,并给他起名为乌尔菲拉①。

这个在基督教的影响下长大并全心全意信奉着这个宗教的男孩,给抓捕他的人讲述了基督受难的故事以及基督与其和平与爱的福音。乌尔菲拉在有生之年如愿看到十字架取代了可怕的祭坛。

哥特人没有文字,于是乌尔菲拉发明了字母表,并把《圣经》翻译成了哥特语。现在,这个译文的一部分保存在瑞典,是现存最

---

① 乌尔菲拉(310—383年),Ulfilas,将基督教传到哥特等日耳曼部落,翻译《圣经》,并创造了哥特字母。——译者注

早的哥特语样本。这个由乌尔菲拉在1 500多年前写成的哥特式版本主祷文，却与德文版和英文版非常相似，以至于我们今天都能轻松读懂。这也揭示出了我们与那些生活在4世纪的野蛮人之间的关系是如此亲近。

匈奴入侵

公元375年，距离罗马衰落还有15年的时间，一个被称为匈奴的可怕种族从俄罗斯和中国之间的辽阔草原涌入欧洲。与其说他们是人，不如说他们是魔鬼。他们不知恐惧，不畏饥渴，不惧寒冷，以野草根和生肉果腹。这些彪悍的人在马背上生活，他们的妻儿也毫不逊色，乘坐着马车紧随其后。

在匈奴王阿提拉①的率领下，匈奴人所向披靡，在德国大地上留下一路血迹和灰烬。

匈奴人野蛮的入侵，使得哥特人不得不离弃他们的土地和家园，被迫向意大利和高卢南部迁徙。当狄奥多里克大帝②统领下的东哥特人最终成为意大利的主人时，曾在高卢南部的西哥特人则翻

---

① 阿提拉（406年9月2日—453年4月30日），Attila，匈奴帝国君主，曾多次率领大军入侵东罗马帝国及西罗马帝国，史学家称之为"上帝之鞭"。——译者注
② 狄奥多里克大帝（454—526年），King Theodoric，东哥特人的领袖，东哥特王国（其疆域大部分位于今日的意大利）的建立者。——译者注

越比利牛斯山脉,在西班牙建立起一个哥特式帝国。

罗马帝国的消亡

被匈奴王阿提拉和他的匈人大军横扫的并不只是哥特人。汪达尔人、勃艮第人和伦巴底人①同样被这股狂潮冲到欧洲南部。汪达尔人从那里进入了北非,而东北方的斯拉夫人紧随其后像海潮一样顺势南下,占据了汪达尔人抛弃的土地。

匈奴人的入侵,成为一种巨大的推动力,但其对未来的结果并没有太大影响,不比犁对于粮食的收成影响更大。然而,它却是使日耳曼种族接触更高级别的文明的重要力量。在文明雨露的滋养下,借助时间的魔力,他们注定会以某种非民族的形式生存下去。在这个伟大的创新进程中,他们将以蓬勃的生命力重塑欧洲南部那些衰败的种族。

阿提拉战败后,除了达契亚,匈奴人在欧洲什么也没留下。他们在达契亚繁衍生息,历时长久,达契亚即今天的匈牙利。

在流落到欧洲南部的古老种族开始重塑的过程中,罗马帝国正走向灭亡。公元4世纪在君士坦丁②的统领下,罗马皈依基督教,但

---

① 汪达尔人、勃艮第人和伦巴底人是三个日耳曼部落。——译者注
② 君士坦丁(274年2月27日—337年5月22日),Constantine,常被称为君士坦丁一世、君士坦丁大帝,他是第一位信仰基督宗教的罗马皇帝。——译者注

为时已晚。过去三百年来,罗马异教徒已经用基督徒的血浸透了南欧的土地。然后,这个热心的新教徒不仅开始拥护基督教,而且还成立了教会委员会来决定基督教推崇什么、反对什么,并对像哥特式基督徒那样的异教徒发起了猛烈的斗争。哥特人对这些乌尔菲拉从未提到过的奇怪教义一无所知,他们简单的哥特式《圣经》里也没对此提过一个字(三位一体论和阿里乌斯教派之间的冲突)。

东罗马帝国

罗马帝国至此变成了"神圣罗马帝国"。当君士坦丁迁都拜占庭[①]后,罗马需要两个皇帝,一个在东方,一个在西方,来共同管理这个摇摇欲坠的帝国。但是,随着世俗力量的衰落,罗马出现了一个不断扩张的新的精神王国,一个统治着所有基督教国家的帝国。罗马的主教们成了教皇。高卢(或法兰西)由日耳曼族的法兰克人统治。无论是法国的法兰克国王,还是西班牙的西哥特国王,乃至世界上任何地方的基督徒,都必须服从教皇的意志。

罗马皇帝的权力日渐衰落。日耳曼–伦巴底人占领了意大利,

---

① 拜占庭,Byzantium,古希腊城市,4世纪中期,该城发展成东罗马帝国(即拜占庭帝国)的中心,更名为君士坦丁堡,直至1453年又更名为伊斯坦布尔。——译者注

直到伊琳娜女皇①为了登上奥古斯都曾坐过的宝座，罢黜了自己的儿子并挖掉了他的双眼，帝国皇冠彻底落在了她的手里。至此，罗马皇帝的权力退化到了极点。

教会权力的增长

谁能比伟大的人类征服者和神圣信仰的捍卫者查理大帝②更适合担任基督教领袖这一庄严的职位呢？

公元800年，法兰克和德意志国王查理在罗马加冕，这是西方对拜占庭懒怠皇帝的反抗，就像50年前他的父亲丕平③反抗法兰西的懒鬼国王一样。

800年来，世界上从未出现过如此气势威严的人物；自恺撒把他的军团扔到高卢和不列颠之后，再也不曾出现过像这样的军事天才和英勇豪杰。甚至，在他之前就未曾有人拥有过统治庞大帝国的

---

① 伊琳娜（752—803年），Irene，史称"伊琳娜女皇"，东罗马帝国伊苏里亚王朝皇帝利奥四世的皇后，皇帝君士坦丁六世的生母，是东罗马帝国和欧洲历史上第一位女皇，也是伊苏里亚王朝末代皇帝。——译者注
② 查理大帝（742年4月2日—814年1月28日4），Charlemagne，又称"查理曼大帝"，是欧洲中世纪早期法兰克王国的国王，自公元800年起，为罗马人的皇帝，是西欧自西罗马帝国覆亡3个世纪后的首位受教皇认可的皇帝。——译者注
③ 丕平（714—768年），Pépin le Bref，又称矮子丕平或丕平三世，他结束了墨洛温王朝的统治，开创了加洛林王朝，成为公元751—768年在位的法兰克国王。他是查理大帝和卡洛曼一世的父亲。——译者注

雄才大略。

从那以后，查理大帝和他的继任者（由教皇加冕）成为恺撒的继任者和神圣罗马帝国的世俗领袖。徒有其名，这个曾经的伟大罗马帝国已经不复存在了。尤利乌斯·恺撒时代曾被埋葬在中欧密林中的原始野蛮人，如今成为基督教界的领袖。在查理大帝的统治下，整个欧洲都成为德意志帝国的领土。

查理大帝

查理大帝承认为他加冕的教皇是他的精神领袖，而另一方面，教皇也要在他所加冕的世俗皇帝面前鞠躬行礼。这是一个了不起的、兼收并蓄的帝国体系，其精神领袖在罗马，而世俗领袖在埃克斯–拉–夏培尔①。

通过这种双重统治，查理大帝似乎已经满足了人类政体的所有迫切需求。他心满意足，无疑认为他打造出了一个完美典范，创造了一个能协调并包容帝国精神需要和世俗需要的体制。然而，他的权力之手刚一移开，意料之外的危险便袭击了他的伟业。

---

① 埃克斯–拉–夏培尔，Aix-la-Chapelle，德国城市亚琛的旧称，位于德国北莱茵–威斯特法伦州。查理将其建造成卡洛林文化的中心，公元813—1532年间，有32个神圣罗马帝国皇帝在此加冕。——译者注

法兰西和德意志分离

在查理大帝加冕后还没过50年,他的3个孙子就乱成一团,使整个帝国四分五裂。法国随之开始作为一个独立王国存在,而帝国的头衔则归属于德国(《凡尔登条约》①)。

正是哥特人强壮粗实的臂膀,将罗马帝国撕成了碎片,为日耳曼种族赢得了丰硕的战果,然而最终作为统治力量幸存下来的却是法兰克人。

封建制度

法兰克人把北德和南德各自盛行的差异巨大的系统结合在一起,创立了一种新的土地所有权制度。他们宣称土地属于君主。但是,如果满足特定条件,君主会将土地赐给男爵。只要满足特定条件,男爵们的封地就可以世代相传。他们又以同样的方式把自己的封地划分为农场,根据服从和效忠的情况,交予低于他们阶层的人持有。人们必须承担兵役,上缴食物,并且每年要为他们所效忠的男爵工作一定的天数,以此来获得一定的保护,得以在领主的城堡

---

① 《凡尔登条约》,843年8月,法兰克王国皇帝路易一世(虔诚者,查理的儿子和继任者)的3个儿子在凡尔登(位于今法国东北部)签订的将加洛林帝国的领土分为3个王国的条约。——译者注

里栖身避难。男爵对其上级伯爵负责,伯爵则对国王负责。

这就是封建制度,一个义务互惠体系。除非履行自己的义务和责任,否则任何人,无论是农民还是伯爵,都不能称任何东西为自己所有。

该制度曾一度在德国南部遭到强烈反对,特别是来自巴伐利亚的韦尔夫伯爵的反对。历史上著名的韦尔夫家族即是这位伯爵的后裔。不过,正如我们所知,这个制度留存了下来,其压迫性和僵化程度也与日俱增,直到几个世纪后,它摧毁了欧洲的生活。

第五章

早期形势

自查理大帝一个世纪之后,德国的王权不再是世袭制。国王由大贵族(或称为封臣)们推选出来,在埃克斯登基。然后,教皇在罗马为国王加冕。只有加冕后,他才能成为意大利的国王和神圣罗马帝国的皇帝。

匈牙利人的入侵

当时的德国非常混乱。它的各个成员国之间相互猜忌,冲突迭起。令人讨厌的邻居马扎尔人(匈牙利人)和东南边境的突雷尼人也不时侵扰。内忧外患使德国的发展走向一个非常重要的阶段。公元924年,奥托大帝①的父亲亨利一世②向这些匈牙利人提议,如果他们停止骚扰德国,就每年向他们进献大量贡品。德国一直纳贡9年,在此期间,德国人忙着在边境建造堡垒,在全国各地筑起有城墙的城市。这些建筑被称为"城堡",由被称为"城堡首领"的伯爵掌管。

到了第10年,当匈牙利人一如既往地无礼索要贡品时,亨利一世向他们的使者脚下扔了一条死狗,并告诉他们这就是以后的贡品。

匈牙利人怒不可遏,冲进德国。但是,天哪!软弱无助、任人宰割的村庄不见了,取而代之的是铜墙铁壁般的城堡。坚固的城墙挡住了他们的一次次进攻,经过几番徒劳的尝试后,匈牙利人泄气了,再也不曾侵扰德国。

骑士制度

这一时期还有另外一个重要发展,对欧洲而言意义非凡。当时有一大群年轻人,他们出身贵族家庭,但不是长子,社会上没有适

---

① 奥托大帝(912年11月23日—973年5月7日),即奥托一世,东法兰克国王(936—973年在位),神圣罗马帝国皇帝(962年加冕),史称奥托大帝。——译者注
② 亨利一世(约876—936年),外号捕鸟者,东法兰克国王,萨克森王朝创立者。933年,亨利一世在图林根的里阿德附近击败了匈牙利人,打破了匈牙利人不可战胜的神话,并暂时阻止了他们对德意志的侵袭。——译者注

合他们的阶层分类。他们自命不凡，游手好闲。

于是，撒克逊国王亨利邀请这些年轻人以一种独特的新方式来为帝国服务。他们必须正直诚实，全心全意地忠诚于神圣罗马帝国；从来不曾欺凌弱小，也不曾临阵脱逃；他们必须举止文雅、彬彬有礼、勇敢无畏，并对教会忠心耿耿。

那些能够接受这些条件并立下誓言的人，被称为骑士或耐克特（Knechts），即国王的仆从。骑士制度由此而生，并迅速扩散到整个欧洲。

教皇与皇帝敌对

伟大的查理大帝在公元800年接受神圣罗马帝国的皇冠时，无意中为未来的德国埋下了隐患。恺撒的皇冠，这个金光闪闪的小玩意儿，不仅代价高昂，并且在几个世纪以来一直阻碍着德国的发展。

德国当时需要将所有的资源和精力用于国内，来巩固和发展这个发育中的伟大国家。

然而，与此相反，700年来，德国国王的雄心壮志偏离了他们本来应该最关心的事情——自己国家的团结和繁荣，而是去追逐一个幻象——以罗马为中心的伟大旧帝国的重建。

查理大帝还犯了另一个错误——其后果影响深远。

他与那个精神王国结成了如此亲密的联盟，丝毫不怀疑它的本性及潜在的力量。他提防了野心勃勃、诡计多端的贵族们，却对教会放松了警惕。因此，为了给自己的王位建立友好的保护壁垒，他敕封一些大主教和主教为世俗的诸侯，并赐予他们领地及相应的统治权力。

　　自罗马皈依以来，基督教还没有发展得过于强大，而当大主教们对财富和权力有了贪婪之心，教会也就越来越世俗化了。

　　教皇和皇帝，最终并没有如查理所愿成为亲密的盟友，而是变成了互相猜忌怨恨的对手。在公开对立中，随着时间推移，两个政治派别应运而生——归尔甫派和吉伯林派[①]，他们分别是教皇和皇帝的拥护者。

　　在意大利挑起纷争是教皇的一条诡计，他欲借此迫使皇帝把其收入和精力投入意大利，从而削弱和破坏皇帝对德国国内的统治。

亨利四世

　　在教会成立的最初500年里，教会一直由罗马的主教管理。在随后的500年里，这些主教发展为教皇，成为基督教的精神领袖。

---

① 归尔甫派和吉伯林派，又称教皇派与皇帝派，是指位于中世纪意大利中部和北部分别支持教皇和神圣罗马帝国的派别。所谓"归尔甫"（Guelph）即是韦尔夫（Welf）的意大利式称呼；而"吉伯林"（Ghibellines）则是魏布林根（Waiblingen）的意大利式称呼。——译者注

到了第三个500年间的公元1073年,教皇皇冠戴在了希尔德布兰德的头上,即格列高利七世①。他下定决心建立一个超越世俗统治力量的至高宗教权威。当时在位的皇帝软弱无能,是宣称君权神授,建立一个凌驾于国王和皇帝意志之上的宗教帝国的大好时机。

在随后的冲突中,亨利四世废黜了教皇——这个由自己任命的家伙,竟然凌驾于委任他的权力机构之上!作为反击,教皇将皇帝逐出教会。

卡诺莎之行

如果亨利四世能坚持自己的立场,接下来的几个世纪欧洲都会获益匪浅,因为他的人民会支持他。但是,被逐出教会,随之而来的恐慌及此后更加糟糕的状况,这些超出了亨利四世的承受范围。在凛冽的寒风中,惶恐不安、瑟瑟发抖、满心忏悔的亨利四世翻越阿尔卑斯山,几乎是爬到了帕尔马附近的卡诺莎城堡②,为的是求见在此避难的希尔德布兰德。这位查理大帝的继任者、基督教国家的统治者,身披麻衣,赤脚站在雪地里,低声下气地请求进入城堡。教皇让他在寒冷的风雨中瑟瑟发抖了3天之后,才打开门,宽

---

① 格列高利七世(约1020—1085年),Gregory Ⅶ,原名希尔德布兰德(Hildebrand),是罗马天主教历史中重要的改革者之一。——译者注
② 卡诺莎城堡,位于意大利北部的艾米利亚省,以神圣罗马帝国皇帝亨利四世的卡诺莎之行而著称。——译者注

恕了他并赐予和平吻礼①。至此，教皇取得了彻底的胜利。

教会从未取得如此巨大的胜利。它凌驾于每一个世俗权力之上，把持权柄几个世纪。无论归尔甫派和吉伯林派掀起怎样的斗争风暴，世俗领袖和宗教领袖关于最高权力的争执已尘埃落定。所有的权力归属，人类的命运之绳都汇聚于罗马，掌握在教皇的手中。

帝国存在的3个世纪里，先后被法兰克和撒克逊人统治。但是意义重大的卡诺莎之行开创了一个新王朝，即士瓦本王朝②。当屈辱的统治者亨利四世在凛冬翻越阿尔卑斯山，当这位欧洲最强大的君主身披麻衣，在雪地上赤足等待了3天，谦卑地请求宽恕时，有一位骑士始终陪伴左右，他就是比伦的腓特烈③，后来他得到了应有的奖赏！皇帝敕封他为士瓦本公爵，并把自己的女儿艾格尼丝许配给他。

霍亨斯陶芬王朝之始

后来士瓦本公爵在霍亨斯陶芬山上建造了自己的城堡。这位幸

---

① 和平吻礼是一种古老的传统基督徒问候，是表示友爱的吻面礼。——译者注
② 士瓦本王朝，Swabian，又称霍亨斯陶芬王朝，腓特烈一世在1079年迎娶了亨利四世的女儿阿格尼丝公主并继任士瓦本公爵后建立，1268年霍亨斯陶芬家族最后的男性后裔康拉丁在那不勒斯被斩首示众，该王朝统治就此结束。——译者注
③ 腓特烈（1050—1105年），Frederich of Büren，德意志诸侯，1079年起为士瓦本公爵。他是德国历史上显赫的霍亨斯陶芬王朝在士瓦本的第一个统治者。1089年，腓特烈与亨利四世的女儿艾格尼丝结婚。——译者注

运的公爵还拥有另外一大片叫作魏布林根的领土，因此，他既是霍亨斯陶芬的腓特烈，也是魏布林根的腓特烈。他的姓氏昭示着其与众不同的命运。

巴伐利亚公爵一直都是德国的大势力，自第一代暴躁的韦尔夫起，韦尔夫家族一直试图推翻我们称之为封建主义的新土地所有权制度。

韦尔夫和魏布林根

韦尔夫家族显然不是进步主义的，他们看起来就是古代德国的保守党。腓特烈的孙子康拉德①即霍亨斯陶芬一世当选为德国国王时，正是局势动荡、风起云涌的时期。人民分为两派：一派是新王朝和国王的追随者，另一派是巴伐利亚公爵韦尔夫领导的不满者。敌人的敌人就是朋友，与皇帝的敌对意味着与教皇的友谊，因此，韦尔夫派也是教皇派。

由于意大利语的发音很难准确表达韦尔夫和魏布林根两个词，随着他们分别与意大利的两个党派紧密结合，他们的名字被改成归尔甫派和吉伯林派。

魏布林根家族消失已久。如今，仁慈的英国女王仍然冠以古老

---

① 康拉德（1093—1152年），康拉德三世，Konrad Ⅲ，他是德意志霍亨斯陶芬王朝第一位罗马人民的国王。——译者注

的韦尔夫之名。

德国的归尔甫派主要是心怀不满的公爵和贵族，他们出于个人或其他原因，想要陷皇帝于困境，甚至不惜与其敌人教皇合作。

吉伯林派代表着人民的反教皇情绪，一些人对罗马天主教的权力日益恐惧和仇恨，日耳曼人的爱国主义意味着抵抗意大利神职人员的时代即将来临。

就在这种对抗不断发展的时候，欧洲发生了历史上最令人震惊的事件。基督教的心态——比今天更加敏感——已经被伊斯兰教徒在圣地的行为激怒。为了把伊斯兰教徒赶出这片土地，首个"欧洲协约"成立了。至今，欧洲仍然协同合作努力使这片土地免受侵扰。

宗教战争发生不利于德国的反教皇政策，但康拉德作为领导者于1147年依然投身到这股洪流中。

他那庞大的远征军中，最终到达圣地的不足1/10。他们在疾病、饥饿和小亚细亚穆斯林的利剑面前，像露水一样消失。

命途多舛的军队失败了，沮丧的康拉德回到了德国。在君士坦丁堡，他看到了拜占庭帝国国徽上的双头鹰。这是一个双重帝国的标志，他决定把这个图案作为自己国家的象征。因此，这就是今天德国和奥地利的国徽及硬币上的双头鹰。

腓特烈一世巴巴罗萨

自查理大帝以来,皇帝就失去了对政府权力的掌控,德国此时正被各个竞争党派撕扯得四分五裂,她的生命血液汩汩流向意大利。腓特烈一世[①],或叫巴巴罗萨(1152年),开始执掌政府的权力。这对德国来说,是件好事。

这位伟大的霍亨斯陶芬,把他如雄狮般的影响力施加到教皇和帝国霸权的争论中。他蔑视教皇的虚伪做作,摒弃了他对世俗权威的侵犯。

腓特烈一世声称,他的权力来自上帝,而不是来自教皇,他的神圣丝毫不比教皇差。教皇就此回复道:"在教皇撒迦利亚扶持丕平之前,谁知道法兰克人是谁?在教皇为其加冕之前,日耳曼国王又算是什么国王?能给出去就能再拿回来。"

但是,在这位专横威严的日耳曼人的领导下,皇权达到了前所未有的高度。他现在成为一个半神化的英雄人物,以他为主角的绘画、雕像、歌曲和传说作品遍及整个德国。在他的统治下,针对两个致命敌人——意大利和教皇——进行了一场卓绝的斗争。

腓特烈一世的撒克逊祖先于930年创建的骑士称号,在十字军东征期间已扩展成遍及整个欧洲的强大的骑士制度。腓特烈一世培

---

① 腓特烈一世(1122—1190年),Friedrich I 或 Barbarossa,霍亨斯陶芬王朝、罗马人民的国王(1152—1190年在位)和神圣罗马帝国皇帝(1155年加冕)。——译者注

育了德国的骑士精神,并把它带向伟大的辉煌。

他还结束了韦尔夫家族和魏布林根家族之间长期以来针锋相对的宿怨。为此,他把布伦瑞克①的领土赐给韦尔夫家族以安抚他们。也因此,英国才会拥有现在的女王,因为她是布伦瑞克家族的后代。

许多世纪以来,人们一直相信,他们的英雄巴巴罗萨并没有死在巴勒斯坦,而是被施了魔法,沉睡在基弗霍伊泽②山顶的大洞里,十字军骑士围绕在他的身边。人们等待着他醒来的那一天,率领十字军下山,将德国带回和平与统一的黄金时代!

---

① 布伦瑞克,Brunswick,现今德国下萨克森州东部的一个城市。——译者注
② 基弗霍伊泽,Kyfhäuser,德国中部图林根盆地以北的山岭。——译者注

第六章

帝国软弱的根源

在国家运转中,这3种情况在所有国家中都或多或少存在:一种是各个元素积极参与制度化的发展;一种是各个元素在分裂的趋势下土崩瓦解;还有一种是,无论是建设性的还是毁灭性的进程,都像在水晶球中一样引人注目。现在的美国、奥斯曼帝国和中国就分别阐释了这3种情况。

日耳曼人,曾在欧洲其他国家发展过程中发挥了巨大的作用,然而现在轮到了巩固自己的国家,他们反倒力不从心了。德国目前的趋势是逐步走向解体,而不是兴盛。

这不仅是因为日耳曼王国的力量被浪费在了追求教皇所赐予的那顶闪闪发光的饰物上,还因为,采用了罗马主教们不怀好意的政策后,引发的内部抗争和分裂。

与教皇为敌,本身就是一种破坏性因素,当这一点被心怀不满的公爵们用作攻击皇帝的借口时,就会产生更大的破坏力。

虽然腓特烈一世巴巴罗萨一度缓和了解体过程,但是一个世纪后，德国还是彻底瓦解了。

大空位期

最后一个霍亨斯陶芬王室的成员——腓特烈二世[1]去世后，留下了一个空荡荡的王座和一个支离破碎的帝国。虽然它注定会重新崛起，重获往日荣光，但现在的它残破衰弱，只是曾经渴望的世界之首的虚影和假象。

随后的20年时间被称为"大空位时代"[2]。这是一个没有国王也没有皇帝的时代，穷苦的骑士以抢劫盗窃为生，高贵的男爵们彼此交战，互相残杀。

那是一个异常混乱和黑暗的时代。这一时期显然对经济增长非常不利，但是却产生了德国历史上影响深远的两个事件，这就是汉

---

[1] 腓特烈二世（1194—1250年），Frederich Ⅱ，霍亨斯陶芬王朝的罗马人民的国王（1211—1250年在位）和神圣罗马帝国皇帝（1220年加冕）。——译者注

[2] 大空位时代，Great Interregnum，约1254—1273年，腓特烈二世于1250年死后，德意志王国分裂于他的儿子康拉德四世和诸侯们选出的国王荷兰的威廉手中。康拉德于1254年死后便是大空位时期，在这一时期没有一位国王能得到普遍的认可，而诸侯们就此得以巩固他们的基础，甚至变为更加独立的统治者。1273年在法兰克福选出哈布斯堡伯爵鲁道夫一世为德皇，空位时期结束。——译者注

萨同盟[1]的创立和德国文学的诞生。一个奠定了人民能够真正参与国家生活的基础，而另一个则表达了这个沉默寡言的种族的浪漫理想。

《尼伯龙根之歌》[2]

伟大的德国史诗，被誉为"中世纪的伊利亚特"，诞生于德国历史上最黑暗的时刻。《尼伯龙根之歌》讲述了匈奴入侵时期，勃艮第[3]国王和公主的悲欢离合。六百年后，德国有幸诞生一位优秀的子民（理查德·瓦格纳[4]），他为这部伟大的史诗谱写了一曲充满英雄气概和荣耀的壮丽乐章。

汉萨同盟

另一个事件的历史意义更为深远。曾经为了抵御匈牙利人而建

---

[1] 汉萨同盟：Hanseatic League，12—13世纪中欧的神圣罗马帝国与条顿骑士团诸城市之间形成的商业、政治联盟，以德意志北部城市为主。15世纪中叶后，随着英、俄、尼德兰等国工商业的发展和新航路的开辟，转衰，1669年解体。——译者注
[2] 《尼伯龙根之歌》，The Nibelungen lied，著名的中世纪中叙事诗，讲述的是古代勃艮第国王的故事，大约创作于1190—1200年，作者不详。——译者注
[3] 勃艮第，Burgundian，属于东日耳曼民族的部落。——译者注
[4] 理查德·瓦格纳（1813—1883年），Richard Wagner，德国作曲家、剧作家，以其歌剧闻名。——译者注

设的城堡和城市，已经成为繁忙的制造和贸易中心，以及某种程度上的文化中心。其中很多已经成为自由城市。也就是说，他们是由皇帝直接管辖，而不是像之前那样由世袭贵族管控。这些城市享有特权和豁免权，这为它们带来了人口和繁荣。意大利阴谋不断，主教和不满的贵族们各怀鬼胎，德国皇帝不胜其扰，因此，最佳策略就是与这些自由城市结成紧密的联盟，并与城市公民和行业公会建立良好关系。

当时这片土地上没有国王和统治者，抢劫肆虐，在这里旅行几乎不可能。汉堡和吕贝克这两个城市一致同意在其管辖区域维持秩序，接着，布伦瑞克和不来梅也加入其中，最后，一百多个城镇联合在一起，形成了"汉萨同盟"。

这个联盟成为欧洲北部最强大的力量，甚至一度威胁到封建主义的根基，并将西德转变成一个自由自治式的城市联邦。

行业公会

城市中的行业增多后，每个行业都由一个称为行业公会[①]的组织来管理该行业的事务。随着时间的推移，这些行会成为市镇政府的一部分；正是这些行会激发的活力促成了这场伟大的运动。他们

[①] 行业公会，Guild，欧洲中世纪特定手工业行业中的从业者基于相互扶助精神所组成的联盟组织。——译者注

对真理、诚信、公正有着纯真的信念，是一个国家发展原动力的宝库。如果要寻求国家健康地发展壮大却忽视普通群众的生活，就好比指望汁液吸取不足的树木茁壮成长，或者指望血流不畅的人还能安然无恙！

在这些早期的行会中，1340年特许成立的诗乐协会[①]对德国人民的发展具有极其重要的意义。该工会由匠人们组成，受当时音乐和文学创作艺术中严格、迂腐的规则所约束。

对他们的奖赏并不像两千年前奥林匹亚给予的荣誉那么大，但人们却饱含热情去不断地追寻。

日耳曼人的灵魂天生就是音乐的化身。对他们来说，艺术不是富人和有文化的人所专享的奢侈品，而是滋养纯朴生命的日常食品。在这个音乐和文学的协会中，几个世纪以来，音乐和诗歌这两门艺术一直以最基本的形式存在着，并且成为日后诞生不可思议的花朵和果实的土壤。

---

① 诗乐协会，Meistersinger，中世纪时期德国的一种世俗歌唱音乐组织，也用以指称其参与者。——译者注

第七章

社会环境

德国曾一直是个相对松散的群体,在霍亨斯陶芬王朝结束时,德国由60个独立城市组成。116个教会统治者,以及100多个公爵、侯爵、伯爵和男爵,始终是竞争对手,相互之间经常交战,并为了攻击或防御而不断改变阵营。

在这个由艰难求生的小统治者们组成的国家之下,生活着一群人权意识初露端倪的人,这种意识正逐渐蔓延到底层的无助群体——农民阶级中。

1273年,德国诸侯们终于选出了一位皇帝,大空位时代结束了。

瑞士追求独立

颇有意思的是,哈布斯堡①和霍亨索伦②这两个名字竟然同时出现在德国历史上。哈布斯堡伯爵鲁道夫③,凭借他姐夫家族的影响力,才被选为皇帝,填补了空缺的王位。他的姐夫是霍亨索伦的腓特烈④,是纽伦堡的伯爵。后来,正是在这位哈布斯堡一世的儿子艾伯特⑤统治时期,瑞士人开始反抗皇权。

盖斯勒⑥被艾伯特派去镇压桀骜不驯的阿尔卑斯山区牧羊人,他的残暴行为激怒了人们,最后被威廉·退尔⑦射杀。瑞士的自由

---

① 哈布斯堡,Habsburg,创立于11世纪,解体于1780年,是欧洲历史上最为显赫、统治地域最广的王室之一。——译者注
② 霍亨索伦,Hohenzollern,创立于12世纪初,为勃兰登堡-普鲁士(1415—1918年)及德意志帝国(1871—1918年)的主要统治家族。——译者注
③ 鲁道夫(1218—1291年),Rudolf von Habsburg,神圣罗马帝国皇帝及奥地利哈布斯堡王朝的奠基者。——译者注
④ 腓特烈三世(约1220—1297年),Frederich III of Nuremberg,纽伦堡的领主。——译者注
⑤ 艾伯特(1255—1308年),Albert,也译作阿尔布雷希特一世(Albrecht I),哈布斯堡王朝的罗马人民的国王。——译者注
⑥ 盖斯勒,Gessler,哈布斯堡王朝统治时期的瑞士总督。——译者注
⑦ 威廉·退尔,William Tell,瑞士传说中的英雄。威廉·退尔是乌里州的一个农民,哈布斯堡王朝在当地实行暴政,新任总督盖斯勒在中央广场竖立柱子,在柱顶挂着奥地利皇家帽子,并规定居民经过时必须向帽子敬礼,违者将遭到重罚。当时退尔因没有向帽子敬礼而被捕,盖斯勒要退尔射中放在退尔儿子头上的苹果才释放他们,否则两人都会被罚,结果退尔成功射中苹果。第二箭瞄准盖斯勒总督,但退尔并没有射出箭。当时退尔回答:"如果我没射中儿子,那么第二箭会射中总督心脏。"总督大怒,将退尔父子囚禁起来。暴政仍然持续,于是人民发动起义,退尔在混乱中逃出来,最后退尔在一次行动中用十字弓杀死盖斯勒。——译者注

和独立之路还很漫长，但从那一刻起，人们就下定决心，坚决不做哈布斯堡家族的农奴。

德国北部的汉萨同盟和瑞士绝不屈服的自由精神，是这段政治混乱时期意义最为深远的两件事情。

文化启蒙

在争取政治权利的同时，广泛的知识启蒙也已经萌芽。雷根斯堡主教艾尔伯图斯·麦格努斯[①]在数学和科学方面如此博学，以至于人们都认为他是一个魔法师。斯特拉斯堡的戈弗雷写了一首关于亚瑟王和他的圆桌骑士的史诗。艾申巴哈的沃夫朗在他的诗歌《帕西法尔》里讲述了圣杯的故事；他还撰写了一部具有学术价值的丹麦历史，没有这一作品，我们自己（英国）的文学或将遭受不可估量的损失——莎士比亚正是借此创作了《哈姆雷特》。

金玺诏书

正是在这个时候（1356年），著名的"金玺诏书"颁布了一项

[①] 艾尔伯图斯·麦格努斯（约 1200—1280 年），Albertus Magnus，中世纪欧洲重要的哲学家和神学家。——译者注

新的选举制度，将皇帝的选举人减少到7名。

他们的观点是，太阳和七颗行星照亮了我们的天空，因此，德国皇帝这个伟大的光明者，也应该是7名选帝侯组成的政治体系的中心。

作为人世间的光明者，他们以选举新皇帝为己任。他们分别是：美因茨、科隆和特里尔的3位大主教，以及波西米亚国王、勃兰登堡藩侯、萨克森公爵和莱茵的普法尔茨伯爵4位诸侯。

这七位智者所做的第一件事，就是把一个残暴的疯子瓦茨拉夫四世①放在王位上，这样一来，这个疯子更是实至名归了。

胡斯战争

在他的兄弟同时也是继承者西吉斯蒙德②执政期间，扬·胡斯③被处以火刑，从而在波西米亚点燃了被称为"胡斯战争"的熊熊烈火。

---

① 瓦茨拉夫四世（1361—1419 年），Wenceslas，波西米亚国王（1378—1419 年在位），神圣罗马帝国的君主（1378—1400 年在位，称文策尔一世，Wenzel Ⅰ）。神圣罗马帝国皇帝查理四世（波西米亚的"卡莱尔一世"，Karel Ⅰ）之子。——译者注
② 西吉斯蒙德（1368—1437 年），Sigismund，卢森堡王朝的神圣罗马帝国皇帝（1433—1437 年在位），是查理四世的儿子。——译者注
③ 扬·胡斯，John Huss，捷克基督教思想家、哲学家、改革家，认为一切应该以《圣经》为唯一的依归，否定教皇的权威性，更是反对赎罪券，故被天主教会视为异端，将他诱捕后，以火刑烧死。——译者注

约翰·胡斯,布拉格大学的一名教授,竟敢大声质疑教会对于俗世的权力并反对其收敛财富的行为,这让教会的创始人无处安身立命。当撒旦给他奉上俗世王国时,他却将其置于身后!

由于冒犯了教会,胡斯遭到了主教们的恼恨。他被指控为异端,并被定罪,最后被火刑烧死(1415年)。

胡斯战争不以任何改革为目的,人们为了给胡斯复仇,不惜殉难。这是一场疯狂的战争,从圣餐仪式的某些细节开始,最后以波西米亚人和德国人之间的战争结束。在这场近20年的抗争中,这个国家血流成河。

一个霍亨索伦家族成员接受勃兰登堡领土作为抵押品

在这一时期,发生了一件当时微不足道的事,但这件事对未来的德国具有深远的影响。

1411年,皇帝向霍亨索伦家族的腓特烈伯爵借了10万弗洛林①。腓特烈是纽伦堡的世袭城主,也是曾帮助创建了哈布斯堡王朝的第一代霍亨索伦的直系后裔。为了这笔贷款,神圣罗马帝国皇帝西吉斯蒙德将勃兰登堡的领土抵押给了他的债权人。腓特烈立刻在那里驻扎下来,随后提出再出30万枚弗洛林买下这块领地。皇帝

---

① 弗洛林,florin,一种货币。——译者注

接受了这个交易，于是，这个当时的小国就成了霍亨索伦家族的领土，并走向成为普鲁士王国的路途。

西吉斯蒙德和他的兄弟瓦茨拉夫属于另一个王朝，即卢森堡王朝。但在1440年西吉斯蒙德去世后，哈布斯堡家族再次得到了皇冠，此后就一直戴在他们的头上，直到1806年拿破仑出来争夺时，才将皇冠摘下来。

火药的发现

就在金玺诏书颁布之前，还发生了一个最具革命性的事件——火药的发现。当一个身着常服的人比身披盔甲的骑士能做更多时，当安全取决于敏捷和轻盈，笨重的钢铁反而会使人致命时，战争的重大变革即将来临！封建制度的毁灭与1344年的这一发现紧密相连。

腓特烈三世统治下的社会环境

在1440年登基的哈布斯堡国王腓特烈三世的统治下，帝国似乎到了最为混乱的时期。旧事物正在逝去，而取而代之的新事物却未到来。

在波罗的海的东岸，德国文明的前进遭遇了几乎致命的考验。

一个由骑士组成的"德意志骑士团",本打算阻止斯拉夫人的浪潮,但未能成功。荷兰逐渐与德意志帝国疏远。法国获得了佛兰德的所有权。卢森堡、洛林和勃艮第也开始走向独立。德国看上去也似乎要永远失去瑞士了。

这个时候,匈牙利人推举英勇的匈雅提[①]为他们的新国王,波西米亚人则拥立波杰布罗德的乔治为新国王。不仅是这些王国和公国在悄然离去,阿尔卑斯山区及其他地方都发生了由大贵族领导的农民起义。

还有一种危险,也许是所有这些危险中最严重的一种,在19世纪末我们仍然看不清楚!

1250年,由一个名不经传的酋长领导的土耳其人部落生活在小亚细亚。这个部落近乎奇迹般地发展成了东方的一个大帝国,正与撒拉逊人相抗衡,其继任者是伊斯兰教帝国的首领。土耳其人不断地侵占德国,也曾蹂躏过匈牙利,摧残了奥地利,现在正傲慢地压向他们的目标——维也纳皇宫。

印刷术的发明

昏庸无能的腓特烈三世皇帝,面对这些翻天覆地的变化束手无

[①] 匈雅提·马加什一世(1443—1490年),Hunyadi,匈牙利及克罗地亚国王。——译者注

策。这时，又发生了一件事，它在思想王国中的重要性堪比火药的发明对于政治局势的重要性。

这就是印刷术的发明（1450年）。它是一切艺术的防腐剂，是人类思想解放中迈出的最伟大的步伐。

像其他发明家一样，这位可怜的发明家也遭受了不公正的对待。由于古登堡[①]无力偿还用于印刷实验的贷款，债权人约翰·福斯特[②]便抢占了印刷机，自己开始印刷《圣经》。

这些复制品生产速度如此之快，而且与原件一模一样，让人们大为惊讶，于是传闻四起，说福斯特将自己出卖给了魔鬼，并与之为伍。

传言加上名字相同，致使维克多·雨果、克林格尔和其他作家将中世纪时的巫术实践者约翰·福斯特与印刷商约翰·福斯特混淆起来。前者主张通过自由学习来解放人类的智力，而印刷术恰恰是实现这种解放的最重要的手段。如果这只是巧合，那至少可以称之为不可思议的巧合！

[①] 古登堡（1398—1468年），Gutenberg，是第一位发明活字印刷术的欧洲人，印刷了著名的《古登堡圣经》。——译者注
[②] 约翰·福斯特（约1400—1466年），John Fust，美因茨商人，借钱给古登堡开办印刷厂。1456年，古登堡与福斯特发生分歧，导致最终双方合作的破裂。法庭将整个生产作坊，包括正在印刷的《古登堡圣经》，判给了福斯特。——译者注

当我们接近卡斯提尔①的伊莎贝拉②和哥伦布时代，面对欧洲东南部久久萦绕的噩梦——土耳其人时，我们好像看见了海角上那熟悉的灯光，港口就在眼前不远处。虽然还没有驶入避风港，但我们正在通过那条划分新旧的分界线。

---

① 卡斯提尔，Reino de Castilla，即卡斯蒂利亚王国，中世纪时伊比利亚半岛上的一个王国，后与周边王国合并，形成当代的西班牙。——译者注
② 伊莎贝拉一世（1451—1504 年），西班牙卡斯蒂利亚女王，曾赞助哥伦布横渡大西洋。——译者注

第八章

欧洲总体形势

并不是只有德国的旧事物在消失。发生在德国的变化也同样发生在英格兰、法国和西班牙。所有这些变化都遵循同样的趋势：权力从许多小的专制政权转移到一个更大的专制政权。尽管缓慢，但这是发展道路上的一种进步。封建主义，这个在9世纪出现的让韦尔夫公爵头疼不已的制度，正在瓦解。

在英格兰，与法国的战争和玫瑰战争①耗尽了贵族的财富，并摧毁了他们仅剩的权威，那个自诺曼征服以来就逐渐衰落的体制，已经病入膏肓。

在法国，路易十一②想到了一个巧妙的主意——通过与人民建

---

① 玫瑰战争（1455—1485 年），Wars of the Roses，又称蔷薇战争，英王爱德华三世的两支后裔（兰开斯特家族、约克家族）的支持者为争夺英格兰王位而发生时断时续的内战。——译者注
② 路易十一（1423—1483 年），法兰西瓦卢瓦王朝第六位国王（1461—1483 年在位），查理七世之子。法兰西国土统一的奠基人，基本统一了法兰西全境。——译者注

立表面上的良好关系来恢复王权的力量。这样一来，封建领主们结成了一个同盟，以对抗封建制度即将衰亡的论调。

在西班牙，多个小国合并成两个较大的王国——阿拉贡和卡斯提尔，它们分别在费迪南和伊莎贝拉的统治下合二为一，随后又对摩尔人[①]进行驱逐，最终，西班牙统一成一个王国。在这个王国中，令人不安的封建主义已不复存在。

在意大利北部的一群小共和国中也出现了同样的集权趋势。佛罗伦萨并入了强大的美第奇家族[②]，而热那亚和大多数伦巴第国家则逐渐被米兰控制。

发展中的中央集权趋势

正是在这一时期，欧洲各国首次形成了一些联合体和同盟，最终形成了一种可以彼此制衡的状态。事实上，在各个君主国家为这些联盟描绘出更坚固和明确的轮廓之后，就开始将这些联盟编织成一个更大的整体。在这个过程中，编织所用到的线就是所谓的欧洲外交（European diplomacy），正如我们最近看到的，欧洲外交比单个主权国家更强！

[①] 摩尔人，中世纪时居住在伊比利亚半岛、西西里岛等地的穆斯林。——译者注
[②] 美第奇家族，Medici，创立于1434年，解体于1737年，是佛罗伦萨15—18世纪中期在欧洲拥有强大势力的名门望族。——译者注

在这个趋向于中央集权的时代，德国的皇位应该归属于一个决心要治理国家而不是仅仅为了当权的人，这才完全符合15世纪的精神。

马克西米利安一世

1486年，昏庸的腓特烈三世的儿子马克西米利安①当选为皇帝。他精力充沛，才华横溢，胸襟开阔，还是欧洲最英俊的王子。他的妻子，勃艮第的玛丽，是最美丽的公主。

厌倦了混乱和没有安全感的人们，非常乐意有一个强大的统治者。马克西米利安为哈布斯堡王朝打下了牢固的基础。从那时起，选民的选择仅仅是对该家族世袭权利的正式承认。

新的世界

站在新旧世界的分界线上，这位王子兼具两者的品质。他威严、勇敢、侠义，同时按照他那个时代的最高标准接受教育，研究

---

① 马克西米利安一世（1459—1519年），Maximilian I，神圣罗马帝国皇帝，罗马人民的国王，奥地利大公。腓特烈三世之子，查理五世（西班牙国王卡洛斯一世）的祖父，是哈布斯堡王朝鼎盛时期的奠基者，使得哈布斯堡王朝成为"日不落帝国"。——译者注

过文学、艺术和诗歌，并为他的王国制订了全面而进取的计划。他真心实意地想要革除弊制。他把邮局和信件传递系统引入德国，遍及两千个独立领地。

土耳其人在东方进攻，法国国王在西方骚扰，教皇总是试图挑动他与其他王国火拼，耗尽帝国的力量。他任重而道远。

他既不是查理大帝，也不是腓特烈·巴巴罗萨，但他在德国极度虚弱的时期，给其注入了强心剂和抵抗的力量，并将匈牙利和波西米亚王国并入哈布斯堡王朝的版图中。

马克西米利安没有接受教皇的加冕就戴上了皇冠，他的父亲腓特烈三世是最后一位为此前往罗马朝圣的皇帝（1452年）。这一事实，说明罗马长期以来对世俗王国的束缚正在松解。

西班牙崛起

就在1493年马克西米利安登上王位的时候，发生了一件极其重要的事情。欧洲人满心惊讶，当太阳消失于神秘的西大洋后，它继续照耀着远方的土地——那里充满了生命和财富。

世界上最迷人的冒险领域突然向欧洲开放，无限财富如磁石般从东方转移到西方。来自除德国之外的所有国家的一连串冒险家和贪婪者，都朝着太阳落下的地方而去。

默默无闻又贫穷的西班牙，最近才挣扎着把自己的土地从异族中解放出来，突然发现自己成了领地的主人，并且在其西方还有一个几乎无边无际的帝国和无穷无尽的资源。

伊莎贝拉女王

卓越的伊莎贝拉女王，一直在为她的国家改化施展手段，看到她的王国在欧洲国家中名列前茅，她心满意足。

她现在最关心的问题是，为她的王子寻找门当户对的家族来联姻。她和丈夫费迪南的眼光都很高。他们为他们的儿子、西班牙王位的继承人求娶了德皇马克西米利安的女儿，然而不幸的是，年轻的王子在婚礼庆典上猝死，此番联盟的希望就此破灭。后来，另一桩婚姻挽救了与德国的联盟，他们安排长女乔安娜嫁给了马克西米利安的儿子菲利普，他也是帝国王位的继承人。

伊莎贝拉的成功是巨大的，但是她的不幸也是深切的。乔安娜变成了无可救药的疯子。另一个女儿嫁给了葡萄牙国王，可却与生下的婴儿合葬在墓中，这个孩子本来将要坐上西班牙和葡萄牙的皇位。女王最小的孩子凯瑟琳成为英格兰亨利八世[①]的妻子后，不幸的命运也如影随形。

令人遗憾的是，这位可敬的女性强烈希望将异教犹太人赶出她

[①] 亨利八世（1491—1547年），Henry Ⅷ，英格兰国王亨利七世次子，都铎王朝第二任国王。——译者注

的国家，于是被她的忏悔神父托尔克马达①说服，在西班牙建立了宗教裁判所。由于她虔诚地相信异端邪说意味着永恒的死亡，而且从来没意料到宗教裁判所将会带来的残酷行为，这位仁慈、卓越的女王犯下这样致命的错误，也许情有可原。

查理五世

被内心的忧愁和悲伤所淹没，伊莎贝拉于1506年逝世，留下她疯狂的大女儿乔安娜，一个寡妇带着两个孩子，年长的那个年仅6岁。如果女王知道以后将会发生的事情，她一定会深感欣慰。13年后，她的这个大外孙子不仅戴着西班牙的皇冠，而且还戴上了伟大德国的皇冠，他将成为一个更加伟大的帝国的君主，拥有比所有当世君主更加强大的权力。

---

① 托尔克马达（1420—1498年），Torquemada，15世纪西班牙天主教多明我会僧侣，西班牙宗教裁判所首任大法官。卡斯蒂利亚女王伊莎贝拉一世的忏悔者。——译者注

第九章

弗朗西斯一世、亨利八世和查理四世之间的三方博弈

马克西米利安的统治时期,是跨越两件大事——美洲的发现和宗教改革——的桥梁。1517年,这位皇帝驾崩时,一项比他或他的前任所取得的任何成就都要伟大的工作迫在眉睫,而能完成这项工作的无名之辈注定会成为凌驾于所有诸侯之上的力量,并动摇罗马教会千年来平静统治的基础。

宗教改革在人民心中蠢蠢欲动。对法国阿尔比教派①和萨沃伊的韦尔多教派②的迫害,以及对胡斯和杰罗姆的火刑,都源自日益坚定的信念:《圣经》是基督教真理和教义的唯一正宗的源泉。

印刷术使所有人都能接触到这纯正的真理,这让人们清楚而深刻地认识到:一个攫取世俗权力和财富的教会,已经远远偏离了其

---

① 阿尔比教派,Albigenses,又称卡塔尔派(Cathar),11—12世纪流行于法国南部城市阿尔比的反对正统基督教的一个派别,被基督教会视为异端。——译者注
② 韦尔多教派,Waldenses,12世纪产生于法国南部的基督教异端派别,据说由法国富商韦尔多捐资创立。——译者注

创始人的纯朴教义。

当马克西米利安去世时,这些暗藏内心的怒火喷薄而出,越烧越旺。他的孙子查理①当时是西班牙国王。雄心勃勃的法兰西国王弗朗西斯一世②为了戴上皇冠费尽心机,但是,1519年它却戴在了他的对手头上。查理五世是第一位日不落帝国的君主。

在这个世界历史上至关重要的时刻,欧洲的命运掌握在3个人的手中:德国皇帝查理五世、法国国王弗朗西斯一世和英国国王亨利八世。

查理五世拥有一半的佛兰德血统和一半的西班牙血统,既继承了一个民族欲壑难填的贪婪,又继承了另一个民族傲慢、狂热的残酷。他身材矮小、相貌平平、奸诈狡猾。为了争夺欧洲霸权,他正与弗朗西斯一世进行殊死决战。

弗朗西斯一世英俊如阿波罗,才华横溢、风度翩翩、放荡不羁,和他的野心相得益彰。他用慷慨和侠义名誉的迷人表面掩盖了他最坏的品质,他是法国阴险的道德败坏者,对社会底层的美德和纯真肆意嘲讽。

他们两个都在努力争取亨利八世站在自己这边,想方设法迎合

---

① 查理五世(1500—1558年),Charles V,神圣罗马帝国皇帝,在欧洲人心目中,他是"哈布斯堡王朝争霸时代"的主角,也开启了西班牙日不落帝国的时代。——译者注
② 弗朗西斯一世(1494—1547年),Francis I,也称弗朗索瓦一世,法国历史上最著名也最受爱戴的国王之一(1515—1547年在位)。在他统治时期,法国文化的发展达到了一个高潮。——译者注

那个虚荣、浮夸、无情、善变的国王及其他那些离奇的想法。反过来，傲慢的亨利八世也有自己的小算盘——利用他们来达成自己的欲望和目的。

这是3位君主之间的三角游戏，一场充满心机和深谋远虑的博弈。如果查理攻击弗朗西斯，亨利就攻击查理。精明的查理深知英国国王想要与凯瑟琳离婚并让安妮·博林①成为王后的心思，于是私下里允诺枢机主教沃尔西②以教皇之位。于是，沃尔西游说他的皇室主人，促成了国王一直渴望的与安妮的婚姻，从而建立了自己超越王室主人的影响，并得到国王的回报：承诺在自不量力的查理对弗朗西斯发起攻击时保持中立。如此一来，这位有着远大抱负的枢机主教通往罗马的道路将毫无障碍！

亨利对美人安妮的渴望与沃尔西的晋升欲望相互纠缠，这两者与另外两位君主雄心勃勃的长远目标交织在一起，形成了错综复杂的外交网络。

所有这些事件都非常引人关注，它们巧妙地粉饰着16世纪上半叶的欧洲。相比之下，一位默默无闻的修道士谴责教皇并蔑视天主教会的权力，似乎只是一件微不足道的小事。查理应该想不到，当他的胜利和法令被人遗忘时，野蛮的异教徒的口号仍会在时代中

---

① 安妮·博林（1501—1536年），Anne Boleyn，亨利八世第二任妻子，伊丽莎白一世的生母。1536年以通奸罪被斩首。——译者注
② 沃尔西（约1471—1530年），Thomas Wolsey，英国政治家，亨利八世的重臣，曾任大法官、国王首席顾问，同时也是一位神职人员，历任林肯主教、约克总主教及枢机主教。——译者注

回荡。

几年后，弗朗西斯一世那阿波罗般的美貌和虚情假意的内心都消失在坟墓中；亨利八世也去了另一个世界，去领取他的奖赏以及他的妻子们；而查理五世在埃斯特的圣·杰罗姆修道院里悲哀地数着珠子，反思人类虚荣的野心。但是，来自那个无名修道士的低声抗议，已经变成了咆哮，涓涓细流已汇成汹涌的洪流。正如看不见的力量才是实质上最强大的力量一样，在人类事务中，实现最颠覆性的革命的也是那些不为人知的、悄无声息的事件。

教皇利奥十世

但在这一切发生之前，1517年，亨利八世的敏感的道德心还没有意识到，他与他哥哥的遗孀凯瑟琳的婚姻是非法的。查理五世，那个"看上去如此谦虚、品德如此高尚"的沉着的年轻人，却在悄悄地制订扩张其帝国的计划。而罗马教皇利奥十世，基督教在尘世的虔诚代理人、米开朗琪罗和拉斐尔的高雅保护者，发现他的收入根本无法满足他的高雅品位。但他似乎从未想过，他的品位相对他的收入来说太昂贵了。他只是意识到，必须马上做点什么来迅速填满他的空钱包。但是他该采取什么行动呢？一个简单而巧妙的权宜之计解决了这个困扰他的问题。他要向他"亲爱的，忠实的子民们"发布一份公告，宣布他将赦免各种罪行，根据罪行的轻重，设定赦免价格的高低。我们没有亲眼看到公告，但毫无疑问它是用最亲切的拉丁文写的，可以想象，还有什么东西比签署教皇法令的手上戴的天鹅绒手套更温和柔软的呢？

撒谎和诽谤价格便宜，伪证和失贞价格较高，只有最富有的人才承担得起谋杀、毒杀和雇佣刺客的价钱。这个公告效果很好。一位道貌岸然的高僧用这样的话来蛊惑人心："只要把钱叮的一声投进赎罪箱，灵魂就立即跳出了炼狱。"谁能抵抗得了这种允诺呢？金钱如流水般涌进了饥渴的金库，许多人甚至为他们打算犯下的罪行提前付款！

马丁·路德

马丁·路德[①]是唯一一个敢于站出来反对这种恶行的人，他公开谴责这种根据罪行来收税的宗教交易。人们终于找到了一个代言人和领袖。

长久以来在沉默和黑暗中逐渐成熟的新教，此刻全副武装地出现了，它将成为刚刚夺取皇冠的查理要面对的首要问题。

毫无疑问，查理认为他很快就能解决这个新的异端邪说，就像

---

① 马丁·路德（1483—1546年），Martin Luther，神圣罗马帝国教会司铎兼神学教授，于16世纪初发动了德意志宗教改革，最终促成全欧洲的宗教改革，创立了基督教新教路德宗。——译者注

几年前他的父母在西班牙处置异端犹太人那样。但是，这个新教的幽灵是不会倒下的！

沃尔姆斯议会

1521年，查理在沃尔姆斯①召开国家议会（或称"国会"），他以为自己不过是在对付一位不起眼的僧侣，平息一场掀不起什么风浪的运动。然而，路德这个"罪魁祸首"却得到了两位选帝侯及其辖区内诸多公侯的支持。此外，几个州正式提出了一连串对教会的抱怨和意见。情况和查理想象的完全不同：宗教改革势在必行！

这些诸侯是认真的。他们开始没收教会的财产，流放修士和修女，随意处置教会的金银器皿和藏品。

一位野心勃勃的统治者，利用这段时间的混乱来达到他自己的目的。

日耳曼（或条顿）骑士团是一个为了守护边境、防御斯拉夫人而建立的骑士组织。1230年，骑士团占领普鲁士后，就像诸侯一样实施着他们的统治。勃兰登堡伯爵当时是骑士团的宗教改革头领，他在混乱中抓住了机会。于是，他自立为普鲁士的君主，并将日耳曼骑士团据为己有。

---

① 沃尔姆斯，德国西南部城市。——译者注

在此变革发生之际，诸侯们看到了他们的机会，而农民们却承担着全部的赋税，长期以来遭受着真真切切、令人心酸的苦难。大主教、贵族和绅士们，不用缴半毛钱的税！

农民战争

当宗教改革开始时，农民们认为他们的希望在于废除天主教和封建制度。

这个时候，一簇很小的火花，就能引燃一连串的火药。当卢普芬伯爵夫人命令她庄园里的农民在星期天摘草莓、收集蜗牛壳做针垫时，她扔下了这样一簇火花！农民们拒绝了，反叛开始蔓延，累积的怒火像旋风一样在德国各州肆虐。今天，德国境内依然可以看到被损毁的座座城堡，那些断壁残垣讲述着这场"农民战争"（1525年）的故事。就像常常发生的那样，他们犯下了骇人听闻的暴行。人民的苦难是真实的、令人痛心的，但他们所犯的罪行玷污了他们反抗的原因，以至于人们对他们苦难的同情和怜悯也不复存在。就连路德提到他们——那些自称是其追随者的人时，也这样说："应该像对待疯狗那样处置他们。"

《奥格斯堡信纲》

路德在这场叛乱中的大胆立场,加强了他与诸侯之间的关系。不仅萨克森州、黑森州、布伦瑞克州和许多自由城市,还有奥古斯丁僧侣团、方济各会的一部分,以及一些牧师都已经接受了《奥格斯堡信纲》①中提出的新教义。其宗教纲领由路德的朋友腓力·墨兰顿②写成。

其所主张的原则是:人仅凭信仰就是正当的;信徒的集会构成教会;修道院的誓言、圣徒的祈祷、禁食、禁欲等,都是无用的。

这些就是著名的《奥格斯堡信纲》中的要点,它于1530年由新教城市和诸侯们共同签署。

查理五世受挫

因此,在查理为了主导欧洲与弗朗西斯一世和亨利八世勾心斗角期间,东有土耳其人逼向维也纳,西有法国人进入佛兰德,还有本应是盟友的教皇,却出于嫉妒而竭力算计和削弱他的力量。比这

---

① 《奥格斯堡信纲》,1530年由路德宗最早提出的基督教信仰纲要,版本几经修改,1566年定为低地国家归正教会的标准信纲,共37条。——译者注
② 腓力·墨兰顿(1497—1560年),Philipp Melanchthon,著名的早期基督新教信义宗神学家,是第一个将信义宗神学系统化的人,他与马丁·路德是最好的朋友与同志,也是欧洲宗教改革中除马丁·路德外的另一个重要人物。——译者注

些更糟糕的是：新教教会趁机永久地扎根在了德国。

这位皇帝的两大目标是：恢复教皇在基督教世界的至高无上地位；将德国和西班牙紧密团结在一起。但是，教会大分裂之际，嫉妒的教皇却想要削弱他的力量，那他怎么可能实现前一个目标呢？至于另一个目标，德国人总是因为他的西班牙血统而质疑他，而西班牙人也因为他是哈布斯堡的后裔而不信任他，他又怎么可能实现呢？

查理深谋远虑、狡猾而强大，然而形势比他更强。为了实现一个目标，他不得不在其他方面示弱。除非得到新教州的帮助，否则他就无法击退土耳其人或法国人。这些州只有获得皇帝对新教的让步才肯伸出援手，而同样狡猾的弗朗西斯一世则为新教教徒提供帮助，以此作为对付敌人的可靠手段。

新信仰的分裂及加尔文主义

新的信仰不仅在德国传播，在丹麦、瑞典和英国也蔓延开来。在另一位改革者茨温利[①]领导下的瑞士改革的性质发生了偏离，刚成立的新教开始分裂了。

[①] 茨温利（1484—1531 年），Ulrich Zwingli，基督教新教神学家，瑞士宗教改革运动的领导者。——译者注

日内瓦的加尔文[1]否定了路德的因信称义（Justification by faith）学说，代之以"拣选"学说。其后，这种宣称人要进天堂还是下地狱都是命中注定的学说，被一个教会分支所坚持，它被称作改革派，以区别于路德派。1529年，萨克森、勃兰登堡、布伦瑞克、黑森等州和15个帝国城市反对取消路德及其教义的法令，并对此提出了抗议。新教声名鹊起，它包括了路德派、改革派等相似的宗派。

施马尔卡尔登联盟

著名的施马尔卡尔登联盟（Schmalkaldian League）就是这样召集起来的，1530年，新教诸侯在黑森（Hessian）小镇举行会议，庄严承诺相互支持，反对皇帝；当时，他们还与弗朗西斯一世签订了一项秘密条约，并得到了英格兰、瑞典和丹麦国王给予支持的许诺。

1540年，依纳爵·罗耀拉（Ignatius Loyola）[2]正式创立耶稣

---

[1] 加尔文（1509—1564年），Jean Calvin，法国、瑞士著名的牧师，宗教改革神学家，新教的重要派别——改革宗（或称归正宗、加尔文派）的创始人。——译者注

[2] 依纳爵·罗耀拉（1491—1556年），IgnatiusLoyola，西班牙人，耶稣会创始人，罗马公教圣人之一。他在罗马公教会内进行改革，以对抗由马丁·路德等人所领导的宗教改革。——译者注

会，增强了天主教的力量。耶稣会以镇压新教学说作为主要任务。

梅耶贝尔（Meyerbeer）的伟大歌剧，使1534年在明斯特上演的那场不可思议的悲剧广为人知，因此尽管它只是历史大潮中的一小块浮木，我们也不得不稍微提及一下。当时有一个名为"再洗礼派"（Anabaptist）的宗教流派，由荷兰裁缝莱登的约翰（John of Leyden）所领导，他声称受到了神的启示。他受到启示要做的主要事情就是自立为王，实行一夫多妻制，并砍掉所有违反他的法令的人的头！这座城市被这个疯子和他的同伙控制了长达一年多；后来，这场悲剧以裁缝国王和他的主要唆使者被折磨致死而告终；他们的尸体被吊在明斯特大教堂门上的铁笼里。梅耶贝尔歌剧《先知》（*La Prophète*）就来源于这个耸人听闻的故事。

查理五世退位

1552年，查理发现他雄心勃勃的政府计划的每一步都失败了。根据《帕绍合约》，新教教徒已获得宗教自由；当他的军队在匈牙利与土耳其人作战时，法国的亨利二世（1547年继任于弗朗西斯一世）与新教州结盟，入侵洛林。

劳心劳力的皇帝身心俱疲（1556年），决定摘下他戴了36年的沉重皇冠。

菲利普二世及查理五世之死

查理五世把荷兰、那不勒斯、西班牙和美洲的殖民地封给了他的儿子菲利普二世,而皇位和德奥两国的领土则传给了他的弟弟斐迪南一世(Ferdinand Ⅰ)[①]。

两年后,他的离奇死因引起人们的怀疑,猜想是否他不幸的母亲乔安娜把使她的生活阴郁的精神错乱遗传给了自己的儿子。

皇帝退位后隐居在圣贾斯特的修道院,出于病态的心血来潮想要排练自己的葬礼。由于寿衣潮湿,他染上了风寒,并很快因病去世(1558年)。

虽然查理五世在建立天主教至高无上的地位和同意德国和西班牙长久关系这两个伟大的目标上受挫,但也许他最痛苦的还是无法把皇冠传给他的儿子菲利普。

斐迪南一世、特伦托会议及耶稣会

查理五世的兄弟斐迪南虽然是一位坚定的天主教人士,但也是一位公正温和的王子,他一直主张对新教徒采取怀柔政策,但

[①] 斐迪南一世(1503—1564年),Ferdinand Ⅰ,哈布斯堡王朝的奥地利大公和神圣罗马帝国皇帝(1556年起;1558年加冕)。他也是匈牙利和波西米亚的国王(1526—1564年)。——译者注

是菲利普二世在荷兰的所作所为很快表明了他将在德国采取高压政策。他任命西班牙的阿尔瓦公爵（Duke of Alva）为荷兰总督。残忍的国王选择了一位残忍程度前所未有的总督来贯彻他的政策。于是本来作为镇压荷兰的手段的酷刑、火刑和剑，最终带来了荷兰的独立。

1543年，教会的主教们聚集在一起，举行了所谓的"特伦托会议"（Council of Trent），公开表示要改革教会内部的滥权行为。然而，其真正的目的是检查这一神圣组织的根基，找到它在1517年以来遭受的攻击中受到伤害的地方，并且强化需要更多支持的地方。

经过18年的审议，1563年，特伦托会议的任务终于完成。炼狱、赦免、独身、召唤圣徒、出版物审查等基本教义得到了重申，胆敢抨击这些教义的人将会遭到公开咒逐。

就这样，新宗教和旧宗教之间产生了一个无法跨越的鸿沟，永远地将二者分裂开来。

另一个发展迅猛的组织是罗耀拉的耶稣会，它就像是教会的大脑一样。1540年，罗耀拉的10个门徒接受了教皇的祝福。1600年耶稣会有1 000万信徒，1700年则多达2 000万！

第十章

新旧教的斗争

正是新教在其诞生地势不可挡的推进,对旧教产生了巨大的冲击。

1564年,斐迪南逝世时,绝大多数德国人已成为新教徒。帝国充满了新的信仰。即使在教皇的永久根据地奥地利,天主教徒也是少数。古代韦尔夫家族的故乡巴伐利亚仍旧忠实于过去的传统,是教皇在整个德国最热忱、最忠顺的拥护者。

这场重大的冲突看起来似乎要结束了,但其实它还没有真正开始呢!

如果这一伟大运动是在一位领导人的领导下稳步进行的,其历史会大不相同。但它却有4个领导人。那些虔诚的灵魂相信,他们在新教的简单真理中找到了一种所有人都可以团结在一起的宗教,但是他们很快就意识到了自己的错误。

新信仰的胜利显而易见,受此鼓舞,改革者开始明确新教教义的信仰并修正其中的错误。对于加尔文的追随者来说,路德派的信仰几乎和罗马教皇一样令人憎恶，而路德派内部又分割为一个极端的党派和一个温和的党派；一个遵循路德的教义，另一个则遵循由墨兰顿修改后的教义。不仅人是分裂的，国家也是分裂的，并且因为这些分歧陷入激烈斗争，因此斐迪南皇帝说："他们不是同心同德，而是有如此多不同的信仰，真理之神必然不会与他们同在！"

现在显而易见，所有这些剧变背后的问题比当时任何人知道的要深刻得多。真正的斗争不在于天主教徒和新教徒哪个能占据至高无上地位；不是为了确定哪一教义正确，而是确保每个人类灵魂都有权利选择自己的信仰和崇拜形式。争取人类自由的伟大战争已经开始，天主教的根基被动摇，不是因为其教义错误，而是因为它是一种专制！

徒劳的等待

从查理五世退位到1600年是德国政治平静的一段时期。两个息事求和的君主，斐迪南一世和他的儿子马克西米利安二世（Maximilian Ⅱ）①的统治，促生了一种表面上的平静。1576年继

---

① 马克西米利安二世（1527—1576年），Maximilian Ⅱ，哈布斯堡王朝的神圣罗马帝国皇帝（1564—1576年在位）。——译者注

位的鲁道夫二世（Rudolf Ⅱ）①的严厉专制统治给这种平静带来一些波澜，但并没有将其打破。

那是半个世纪的徒劳而沉闷的等待——等待一个没有人能预知的未来。新教并没有开花结果，但种子却在善与恶的奇妙交织中发芽。

文艺复兴——音乐、艺术和文学的新生

虽然宗教改革是欧洲这一时期的主要事件，但另一次事件创造了一种新的流行风格，其他一切都与之相关。土耳其人夺取君士坦丁堡（1452年）带来了文明的冲击，随后希腊文化在整个欧洲的传播是文明史上的一个转折性事件。文学、艺术、音乐都呈现出新的形式，为新生而狂欢。一切事物都表现了人类的思维活动。那是一个伟人和伟大事物诞生的时代。哥白尼就在那个时代，随后是第谷·布拉赫、伽利略和开普勒发现了天文秩序。意大利的美第奇家族引导着从东方传入的丰富的新流派，促进了一个美妙的艺术时期的产生。在欧洲，一波又一波的浪潮横冲直撞。还处于萌芽阶段的

---

① 鲁道夫二世（1552—1612年），Rudolf Ⅱ，是哈布斯堡王朝的神圣罗马帝国皇帝（1576—1612年在位），他也是匈牙利国王，波西米亚国王和奥地利大公。传统历史观点认为，鲁道夫是一个碌碌无为的统治者，他的政治失误直接导致了三十年战争的爆发；他同时又是文艺复兴艺术的忠实爱好者，还热衷神秘艺术和知识，促进了科学革命的发展。——译者注

音乐，发展出歌剧和清唱剧的新形式。在这一切发生的时候，出现了一个灵感焕发的神秘人，似乎熔炼了从所有老人和人类经验中提炼出的智慧，在英格兰写着不朽的戏剧！

日耳曼种族不会毫不犹豫地接受生活的恩惠。严肃认真的德意志人必须先审视这一理念，融会贯通，然后才付诸行动。但是，一旦日耳曼人的根系靠近土壤，他们就会深深地向下扎根，并紧紧地抓住土壤，与枝叶相比，他们更在乎自己的根系。

因此，这道新的光芒并没有立刻洒满德国，但是其影响力仍然被人们感知到了。人们的思想更加活跃，知识储备量增加，艺术和科学开始繁荣起来，财富积累起来了，人们的生活方式不再简单，越来越讲究。西班牙国王不可救药地试图征服荷兰，与此同时匈牙利和奥地利仍在抵抗土耳其的入侵。

思想觉醒

以上就是17世纪初的社会形势。尽管物质上有了进步，但仍有一种风雨欲来的感觉。即将到来的灾难之大，是当时任何人都无法想象的。

当时致命的形势是，新教徒分裂成了忿忿不平的两个敌对阵营，而天主教徒在耶稣会的教导下，达成团结统一的战线抵制他们。谁也不想与一个团结了德国4/5力量的对手开战，如果当时新教徒能团结一心，那么就不会发生三十年的战争！

在鲁道夫二世的专制统治期间，新教徒为了自保，成立了一个以普法尔茨选帝侯腓特烈为首的联盟。于是，天主教诸侯也结成了以巴伐利亚的马克西米利安为首的天主教联盟。双方力量已经集结，只待爆发。马蒂亚斯①继任他的兄长鲁道夫成为皇帝。

一场大风暴已经蓄势待发，只要在平衡中稍加干扰就会使其爆发。这一干扰发生于布拉格的一座建设中的新教教堂（1618年）。一群愤怒的暴徒全副武装，冲进布拉格的皇家城堡，把天主教的两个波西米亚贵族扔出窗外。

三十年战争开始

这一暴力行为开始了30年的战争，这场战争持续了3个统治时期，分别是马蒂亚斯、费迪南二世和费迪南三世在位时期，并给德国造成了前所未有的苦难。

从那天起的两年后，新教信仰在奥地利被抹去了，百年发展灰飞烟灭。3年后，不仅奥地利，还有德国都陷入了几个世纪以来最糟糕的境地——可怜的人民成为两党的牺牲品被屠杀、抢劫，被驱赶到各地，而一个最近才因物质繁荣而欢欣鼓舞的国家变成了一片

---

① 马蒂亚斯（1557—1619年），Matthias，是神圣罗马帝国皇帝（1612—1619年在位），也是匈牙利国王和波西米亚国王。——译者注

废墟。

华伦斯坦

两位伟大的将军——蒂利①和华伦斯坦②出色地领导着帝国军队。新教国家——英格兰、荷兰、丹麦和瑞典气急败坏地看着得意洋洋的强大新教在其诞生地被消灭。

到1629年,费迪南二世③认为他已经在整个德国完全重新确立了他的权力。他颁布了所谓的"归还法令",下令将所有新教领土归还给天主教。除此之外,华伦斯坦还宣称应该废除执政诸侯和国会,一切权力集中在皇帝手中!事实上,这位华伦斯坦有意扮演独裁者和将军的角色。他出行时威风凛凛,带着100辆马车、1 000匹马、15个厨师和15个年轻贵族听候差遣。

就像沃尔西一样,这种奢侈的风格成为他垮台的原因。人们开

---

① 蒂利伯爵(1559—1632年),Tilly,全名约翰·采克拉斯·冯·蒂利,三十年战争中任巴伐利亚将军。——译者注
② 费迪南二世(1578—1637年),Ferdinand Ⅱ,1578年7月9日—1637年2月15日,神圣罗马帝国皇帝(1620—1637年在位),由于他的不明智的宗教政策(狂热支持天主教,压制新教),导致了神圣罗马帝国诸侯的公开反抗,从而引发了对欧洲历史具有决定性意义的三十年战争。——译者注
③ 华伦斯坦(1583—1634年),Wallenstein,全名阿尔布雷希特·文策尔·优西比乌斯·冯·华伦斯坦,波西米亚杰出军事家。在三十年战争中的丹麦阶段以及瑞典阶段,华伦斯坦带领神圣罗马帝国哈布斯堡王朝军队与反哈布斯堡联盟作战。——译者注

始害怕这位野心勃勃的领袖，于是费迪南罢免了他。他满怀愤怒和仇恨回到布拉格，静待事态发展。

12年的恐怖战争造成了彻底的毁灭，也毁灭了新教徒的精神。但是在1630年，援手和希望突然从天而降。

古斯塔夫·阿道夫

瑞典国王古斯塔夫·阿道夫[①]是历史上最有骑士风度的人物，他怀着一腔热忱捍卫德国日益衰落的新教。

在当前时代，我们已经发展到一种地步，即使听到苦难的人民遭到毁灭，就算涉及最为神圣的原则和事情，也可以无动于衷。无论是基督教于克里特岛消亡，还是古巴的自由权利，只讲实用的人和国家的座右铭都是"袖手旁观"。

古斯塔夫·阿道夫还没有学会这个短语，或者说他尚且没有到达那种地步，内心的冲动仍然可以影响他的行为。没有遗憾也没有丝毫犹豫，阿道夫舍弃了皇位和崇拜他的人民，去捍卫另一块土地上岌岌可危的新教。

从1630年7月4日他的脚踏上德国大地的那一刻起，生命和希望就重新降临了这块土地。费迪南皇帝笑着称他为"雪王"，冬天

[①] 古斯塔夫·阿道夫（1594—1632年），Gustavus Adolphus，瑞典瓦萨王朝国王。他参与三十年战争，让瑞典成为北欧霸主。——译者注

过后就会化为乌有。但是，当一座又一座城市被攻占，他在身后留下了一条宗教自由之路和一片欢欣鼓舞时，蒂利再也无法应付这位雪王，不得不召回华伦斯坦时，当12年来的努力眼看就要付诸东流时，费迪南就再也笑不出来了！

华伦斯坦提出条件，只有他真正成为最高统治者，并且费迪南成为臣民，他才会回来。从此，他成为帝国事业的绝对主人，然后自信满满地准备击败古斯塔夫·阿道夫。

瑞典王后来自德国。1632年10月27日，阿道夫离开了她。当他带军来到德国的时候，人们跪下，亲吻他的衣服，称他为"救世主"。他大声说："我祈祷全能的上帝不会因为我以软弱罪恶的凡人之躯受到崇拜而怪罪于我。"

在大战开始之前，他向他的瑞典子民致辞，然后全军齐声高唱路德的赞美诗："我们的主是中流砥柱！"

激烈的战斗持续了几个小时，而就在双方胶着之时，瑞典国王浴血奔腾的战马背上的人不见了踪影，预示着可怕的情况。这匹受惊的战马刚刚驮着断臂的国王冲进了敌人的队伍，转眼间他就被击下马。

华伦斯坦撤退到莱比锡，而这位高贵的国王的遗体躺在一堆死人下面，被马蹄践踏得面目全非，难以辨认。

黎塞留

新教事业失去了灵魂和动力。虽然战败,但是英勇的国王大创敌人,使双方得以休战一段时间。诡计多端的将军再次回到布拉格,在那里制订自我壮大的新计划。

在此危急关头,一个新的捍卫者站了出来。谁也想不到,在法国用铁腕手段镇压新教的黎塞留①,现在却对德国的新教事业产生了同情!但是,这位谨慎的大主教和大臣看到法国在其中有利可图时,就不再拘泥于宗教这种小事了。

他早就决定了应该如何结束这场冲突。他并不打算让费迪南统治下的德意志帝国在欧洲占上风。

帝国的事业遭受到古斯塔夫·阿道夫的沉重打击,就在双方势均力敌时,法国的力量加入进来,因此,其结局也不难预测。

华伦斯坦之死

华伦斯坦在布拉格之时就开始秘密地与法国大使谈判,并一直无视皇帝的召回命令。他打算转投新教一派,以换取波西米亚的王位。

---

① 黎塞留(1585—1642年),Richelieu,全名阿尔芒·让·迪普莱西·德·黎塞留,法兰西国王路易十三的首相,及教廷枢机。他在法国政务决策中具有主导性的影响力;特别是三十年战争时,他通过一系列的外交努力,为法国获得了相当大利益。——译者注

一位深受信任的叛国者将军，反过来又把他出卖给了皇帝。6个士兵打着听凭调遣的幌子，走进了他的房间。

"你是要把皇帝的军队交给叛徒吗？"其中一个人喊道。

华伦斯坦意识到他的死期将至。他一言未发，只是伸出双臂，默默地接受了致命一击。

在著名的大元帅蒂雷纳①和孔代②的领导下，法国军队入侵德国，为法国四下寻找优质的领土，一场宗教战争变成了一场政治战争。这场战争持续到1648年，直到《威斯特伐利亚条约》结束了战争史上最惨淡的斗争。

那么战果如何呢？战争要维护的信条已经被放弃了。新教徒（奥地利除外）获得了完全的宗教自由；皇帝的权力被削减破坏，帝国失去了4个大成员国，人口从1 700万减少到400万。

领土的划分

法国占领了阿尔萨斯，瑞典占领了波美拉尼亚。荷兰和瑞士成

---

① 蒂雷纳（1611—1675年）：Turenne，六大法国大元帅之一。在他的指挥下，法国大败神圣罗马帝国军队，并签订了《威斯特伐利亚条约》，结束了德意志三十年战争。——译者注
② 孔代（1621—1686年）：Condé，法国军人和政治家，孔代家族最著名的代表人物。他是17世纪欧洲最杰出的统帅之一，在三十年战争中获得多次胜利。——译者注

为公认的独立国家。至高无上的权力被赋予了国会，几个德国诸侯也基本独立了。统一的帝国已经变成了一个虚影。

三十年战争所造成的破坏是无法描述的。其情形之恶劣简直不堪回想。饥荒使人变成野兽，成群结队捕食他们抓到的人。沃尔姆斯附近有这样一个团伙遭到攻击，并被发现他们正在一口大锅中烹煮人类四肢！

人民的精神崩溃了。德国倒退了200年。为了什么？不是为了达到任何崇高的目的，甚至不是出于错误的基督教热忱，而仅仅是为了实现天主教的专制统治，妄图使教皇和神职人员来统治所有人的思想与心灵。这场由来已久的战争始于6个世纪前。如果1073年亨利四世没有去卡诺莎，就不会有1618年的三十年战争！

第十一章

罗马–日耳曼帝国的消亡

从《凡尔登条约》(843年)到查理五世(1520年),德国作为"神圣罗马帝国"的首领,在欧洲占据了700年的领导地位。但是其实际情况已经越来越不符合这个迷人的头衔;随着《威斯特伐利亚条约》的签订,这个头衔消失了。

德国人民被赋予充分的权利,然而当他们公开与罗马教会开战时,德国与罗马最后的纽带也被打散。神圣罗马帝国现在该叫作德意志帝国了。

事实上,它也根本不是帝国,而是一个由诸多小型王国组成的松散联盟,它们在管理上互不干扰,并且在很大程度上独立于皇帝权威。

欧洲形势

整个欧洲发生了翻天覆地的变化。路易十四(Louis XIV)[①]成为法国国王。在英格兰,查理一世失去了王位,也丢了性命,克伦威尔正在努力建设一个比都铎或斯图亚特更长久的政权。西班牙正在迅速衰落,新成立的荷兰共和国在不断扩张。瑞典在北方独占鳌头,而俄罗斯刚被认可为一个欧洲国家。威尼斯和意大利共和国逐渐瓦解;而在大洋彼岸的美洲海岸,一些英国、荷兰和瑞典的殖民地正在挣扎着求生。

路易十四

虽然黎塞留已经逝世,但是法国的命运掌握在一位野心勃勃的大臣手中。欧洲出现了一个新的领头人。费迪南三世去世后,路易十四竭力想要被选为继任者。他在争取被选为统治者的过程中挥金如土,但是仍然败于坚定的反对派勃兰登堡和萨克森的选帝侯。

[①] 路易十四(1638—1715年),Louis XIV,全名路易·迪厄多内·波旁,他是波旁王朝的法国国王和纳瓦拉国王,1643—1715年在位,长达72年110天,是在位时间最长的君主之一。——译者注

民族精神衰退及勃兰登堡崛起

在《威斯特伐利亚条约》之后的几年里,德国人民的经历平淡无奇。在荒废的城市里,他们无精打采、灰心丧气,似乎失去了所有的民族精神,甚至失去了宗教热情。他们呆滞地看着天主教哈布斯堡王朝的统治在这片土地上变得专制,而维也纳法院和小型德国法院则一心一意地打造凡尔赛法院毫无创意的仿制品。教堂和校舍变为废墟,但模仿法国宫廷风格的宫殿正在建造,诸侯们正在努力忘记他们的母语,并开始使用法国国王的母语,而这位贪婪的法国国王正计划吞没他们萎靡不振的帝国!

在这一时期的德国统治者中,唯一的例外是勃兰登堡具有"选帝侯"资格的腓特烈·威廉[①]。这位廉洁的德国人抓紧机会向法国人学习。刚刚宣布和平,他就着手重建他那荒废的领土。他组织了一支常备军,建立了一支舰队,并利用他们绕过法国国王,从瑞典收复波美拉尼亚,从而扩大了领土,树立了他的权威,仅次于奥地利的勃兰登堡现在作为一个独立国家受到尊重,可以与哈布斯堡王朝相提并论,霍亨索伦的名字也开始闪闪发光。

[①] 腓特烈·威廉(1657—1713年),Friedrich Wilhelm,全名腓特烈·威廉·冯·霍亨索伦,普鲁士的第一位国王(1701—1713年在位),得到国王的称号前为勃兰登堡选帝侯兼普鲁士公爵。——译者注

联合反对路易十四

从1667年到1704年,德国一直是各大国的君主雄心壮志的中心,是必争之地。1687年,除了参加"选帝侯"之外的德国诸侯们,其他人们都在模仿法式风格,与此同时欧根亲王①率领一支德军对抗土耳其人,两支强大的法国军队突然出现在莱茵河上,这场涉及整个欧洲的大战就此拉开序幕。

使荷兰、英国、西班牙和瑞典卷入这场与法国的战争的不是对德国的热爱,而是对一位渴望获得欧洲无上权威的国王不断增强的力量的恐惧。

1700年发生了一件事使形势愈发紧张。卡洛斯二世②,查理五世的后裔,最后一个拥有一半卡斯蒂利亚血统和一半哈布斯堡血统的西班牙国王去世了,但是没有留下子嗣,因此这个国家正在国外寻找血缘最为接近的继承人,想要从中选出新的国王。他们找到了两个人,一个是德国皇帝的儿子,另一个是路易十四的孙子。对欧洲来说,这是一个痛苦的抉择;选择第一个人,德意志帝国与西班牙就会合并成一个具有绝对优势的强国,就像查理五世在位时那样;而选择另一个人,那就意味着欧洲联合起来也无法击败贪婪的路易!

当时西班牙国王的继承问题堪比烈火烹油。让路易尴尬的是,

---

① 欧根亲王(1663—1736年),Prince Eugene,哈布斯堡王朝的伟大将领之一,神圣罗马帝国陆军元帅。——译者注
② 卡洛斯二世(1661—1700年),Carlos Ⅱ,哈布斯堡王朝的最后一位西班牙国王(1665—1700年在位)。——译者注

当他迎娶公主的时候,他曾庄严地宣称放弃其对于西班牙王位的继承权!但拥有最终决定权的教皇更需要崛起的波旁王朝,而不是衰败的哈布斯堡,因此,在"虔诚的深思熟虑"之后,他得出结论,国王可以打破这一小小的承诺,最终菲利普五世[①]成为西班牙的合法国王。

在腓特烈一世统治下勃兰登堡成为普鲁士

维也纳处在一片怒火之中。皇帝利奥波德一世[②]和他的儿子失望的卡尔大公(Archduke Karl)宣布,他们要从菲利普手中夺取王位,并向路易报仇。路易带着膨胀的傲慢宣称,"比利牛斯山脉(西班牙和法国的分界)已经不复存在"。

利奥波德号令德意志各邦全副武装时,勃兰登堡的大选帝侯去世了,但他的儿子腓特烈抓住了这个机会。他将协助皇帝,但有一个条件,就是要授予他国王的头衔!尴尬的是,根据传统习俗,选帝侯中只能有一位国王(波西米亚国王),因此勃兰登堡选帝侯不可能成为勃兰登堡国王。

---

① 菲利普五世(1683—1746年),Philip V,18世纪的西班牙帝国国王,18世纪的西班牙帝国国王,1700—1746年在位,是西班牙波旁王朝的第一位国王。他是法兰西王储路易之子,法兰西国王路易十四之孙。——译者注
② 利奥波德一世(1640—1705年),Leopold Ⅰ,哈布斯堡王朝的神圣罗马帝国皇帝(1658—1705年在位)及匈牙利和波西米亚国王(1657—1705年)。——译者注

难题很快就被解决了，新的王国以他的独立领地普鲁士命名，这个省份很久以前就被日耳曼骑士从俄国手里夺取，然后被当时的骑士团首领霍亨索伦霸为自己的王国。正是这一专横手段，使霍亨索伦的名字与普鲁士紧密地联系在一起。

因此，1701年，这个选帝侯和他的妻子在仲冬跋涉到柯尼斯堡（Koenigsberg），几乎到了俄罗斯境内，在那里他被加冕为普鲁士的腓特烈一世，然后回到勃兰登堡的柏林，此后柏林一直是它的首都。于是普鲁士——边境上一个小小的斯拉夫省份的名字——变成了以柏林为首都的整个王国的名字。

与英格兰结盟

英格兰和荷兰与利奥波德结盟，不是为了壮大哈布斯堡王朝，而是为了打倒不可战胜的伟大波旁王朝并树立威望。英格兰起初加入联盟时懒散懈怠，但当法国国王挑起事端，承认流亡的斯图亚特（詹姆斯二世的儿子）为英格兰王位继承人时，英格兰立刻把最好的军队派到了德国，听凭这个能摧毁对手无敌的威望、压制对手傲慢的德国国王的人的指挥。

马尔博罗和欧根王子的联合成了路易的强劲对手。1704年马尔博罗在布伦海姆的伟大胜利差不多已经决定了这场战争的胜负，尽管之后又持续了多年。他被任命为马尔博罗公爵，并得到了布伦海姆庄园作为奖赏。

但长期的战争已经耗尽了各方最初的热情。英格兰厌倦了为哈布斯堡一家而战；宫廷阴谋致使马尔博罗倒台，最后他被召回，像一把生锈的剑一样被弃置一旁。路易也年事已高，疲惫不堪，于是在1713年，《乌得勒支和约》的签订结束了这场长期的斗争。在西班牙和法国的王权永远不能统一的条件下，菲利普五世被留在西班牙王位上。

领土变化

失意的卡尔大公继承王位，成为查理六世。如果一个国家的生命取决于人民，那么这个时候就真的没有德国了。那里除了令人厌烦的连年战争和外交阴谋，以及新的领土划分和分配，什么也没有。普鲁士在扩张，波兰在衰落，而匈牙利和那不勒斯、米兰和曼图亚则迅速落入奥地利之手。事实上，说起这一时期发生的领土变化，就像在描绘正在解体的分子，眨眼之间，这些分子就形成了新的组合。

查理十二世和彼得大帝

北方出现了两个新的野心勃勃的国王，那里也出现了同样不断变化的合作组合。瑞典的查理十二世和俄国的彼得大帝正在交战，丹麦和波兰在击败瑞典国王上也掺了一脚。彼得大帝忙着扩张波罗的海沿岸省份，并准备在圣彼得堡筹建新都城（1709年）；而查理十二世试图将瑞典建成欧洲强国，但是被普鲁士和汉诺威击败。他于1718年去世，梦想也随之消逝。

自从拜占庭声名狼藉的艾琳娜退位以后，再没有一个女人登上恺撒的王座。查理六世颁布名为"国事诏令"的法令时，规定在没有男性的情况下，王位应由女性继承人继承，他就此打造了一系列事件中一个最重要的纽带。这确保了他出生于1717年的小女儿玛丽亚·特蕾莎①的继承权。这个纽带必然是牢固的，因为20年来一直有人努力想要打破它，但它始终牢不可破。

腓特烈·威廉一世②

大约在同一时间，另一个重要的纽带正在普鲁士形成，腓特烈·威廉一世继承了他父亲腓特烈一世的王位。漫长的魔咒即将被

---

① 玛丽亚·特蕾莎（1772—1807年），Maria Theresa，哈布斯堡君主国史上唯一女性统治者，1740年10月神圣罗马皇帝查理六世过世，玛丽娅·特蕾莎作为其女即位，开始其近40年的统治。——译者注
② 腓特烈·威廉（1688—1740年），Friedrich Wilhelm Ⅰ，指腓特烈·威廉一世，普鲁士国王兼勃兰登堡选帝侯（1713—1740年在位）。他在位期间大大加强了普鲁士王国的军事力量。——译者注

这两件事打破。

很多文献记录了这位凶猛贪婪的国王腓特烈·威廉和他粗鄙的暴行。但他的统治是一座原始而坚固的桥梁,通向腓特烈大帝,而伟大的腓特烈大帝的统治是另一座桥梁,通向一个强大主宰的普鲁士王国———一个新的德意志帝国由此而生!

虽然腓特烈·威廉是一个野蛮的暴君,但是另一方面,他组织工业、发展金融、组建军队。虽然他是家族里的守财奴,但他又给他的人民带来了财富和繁荣。虽然他因为吹长笛而殴打自己的儿子,但他给他的儿子留下了王国和军队,这是建立雄图伟业的基础。

他厌恶一切法式风格,包括艺术、礼仪甚至生活礼节,这种厌恶是对他那个时代盛行的矫揉造作的愤怒抗议。

我们可以想象高尚优雅的维也纳宫廷是如何看待这位普鲁士国王的。奥地利属于完全的天主教派,正处于一种道德和智力衰退状态,不时回首,期盼着中世纪精神的回归。普鲁士则完全是新教派,她已经开始迎来一个比梦想中更伟大的未来。

1736年,玛丽亚·特蕾莎嫁给了洛林的弗朗西斯[①]。1740年,她继承了父亲查理六世的王位;就在同一年,普鲁士的腓特烈·威

[①] 洛林的弗朗西斯(1708—1765年),即弗朗茨一世,哈布斯堡-洛林王朝的神圣罗马帝国皇帝(1745—1765年在位)。称帝前是洛林公爵(弗朗西斯三世,1729—1736年)。他也是1737—1765年的托斯卡纳大公(称弗朗切斯科二世)。——译者注

廉去世，他的儿子，即将名扬天下的腓特烈大帝①继任。

混乱时期的思潮

三十年战争之后的荒芜时期，一些重要的进程仍在进行；事实上，所有进程中最重要的东西——人们的思想仍然是活跃的。人民像经历了一场地震一样四分五裂成碎片，却无法从他们昏头昏脑的统治者那里得到一丝慰藉。看着那些德国诸侯们雀跃地装扮上法式礼服，而他们的国家却仍然是一片废墟，这真是一片令人痛心的景象。难道他们不知道就算伤口一点不愈合，也好过在外表形成新的组织而下面仍千疮百孔吗！

无论德国有多强的生存能力，都存在于那些被忽视的碎片之内。如果德国曾经发展成伟大的国家，那一定是作为德国人，遵循他们的本质的秉性发展而成的，而不是作为法国人。

因此，一个无助、支离破碎、杂乱无章、与自己和与他人都不协调的国家无法采取行动，但是可以思考。在这个混乱狼狈的时刻，德国人的思想开始变得活跃，美妙音乐和奇妙文学的种子在混

---

① 腓特烈大帝（1712—1786 年），Frederick the Great，即腓特烈二世，普鲁士国王（1740 年 5 月 31 日—1786 年 8 月 17 日在位），军事家，政治家，作家及作曲家。腓特烈二世是欧洲历史上最伟大的名将之一，也是欧洲"开明专制"君主的代表人物，并且为启蒙运动时期的文化名人，在政治、经济、哲学、法律、音乐等诸多方面都颇有建树，为启蒙运动一大重要人物。——译者注

乱中陷入沉睡。

德国思辨哲学的诞生

阴郁沮丧的斯宾诺莎[①]发现事物的真相并不在于政治的颠覆，也不是在我们称之为生活的令人失望的事实和现象中，而是在我们都参与其中的"永恒秩序"中，他从这个发现中找到了宁静。

他本来也许可以在宗教中发现同样不变的真理，但在自身思想的指引下，斯宾诺莎在调和了存在性的不和谐的哲学体系中寻找真理。这就是占据了德国人思想的德国思辨哲学的基础，并循序渐进地与一门基于可恶的生活事实的科学相结合——最后，不管他们愿不愿意——二者都与宗教达成一致。

有着深刻哲学思想的伟大的德国人莱布尼茨，正在研究自然界的真理；而亨德尔也诞生于这个国家经济荒废萧条期间的灵魂觉醒时期。而在这一时期，英格兰也诞生了一股令人振奋的浪潮，牛顿揭示了物理世界的基本定律和"永恒秩序"。

如果我们现在回到那时，对我们来说，这似乎仅仅是一种朦胧的曙光；但在那时，这些新的光芒辉煌璀璨，光彩夺目。

[①] 斯宾诺莎（1632年11月24日—1677年2月21日），Spinoza，西方近代哲学史重要的理性主义者，与笛卡儿和莱布尼茨齐名。——译者注

第十二章

腓特烈大帝

1712年,腓特烈大帝诞生了。无论是王子还是农民,很少有孩子的童年比他还要不快乐。如果他生来不是一位国王,以腓特烈的品位,他会成为一位音乐家或诗人。作为王子,他的爱好竟然是吹长笛、读法语书,故而他遭到了古板的腓特烈·威廉的反感。在过去的清规戒律的约束下,腓特烈偷偷地从法国移民那里接受了教育,这培养了他的法式品位,影响了他的一生。他对音乐的热爱也来自接受的那部分法国教育。

后来,他再也无法忍受自己所遭受的苛待和殴打,于是在他18岁时,腓特烈决定逃跑。他敬爱的姐姐威廉·明妮是他的知己。冯·凯特①中尉是他的密友。不幸的是,他写给冯·凯特的一封信落到了别人的手里,并被送给了国王。

---

① 冯·凯特(1704—1730年),Von Katte,普鲁士中尉,腓特烈大帝的密友,后来被腓特烈大帝之父腓特烈一世处死。——译者注

冯·凯特的死刑

随之而来的种种恶行让人觉得霍亨索伦应该待在疯人院里,而不是坐在王座上。

他把儿子打得满脸是血也只是小事一桩,因为他以前也这样做过,但这次他把腓特烈当作政治俘虏关押起来。然后,他废除了军事法庭对冯·凯特的监禁判决,并下令立即处决他。为了造成更多的痛苦,他命令要在关押他儿子的牢房的窗户前实施绞刑!

绞刑后,年轻的王子晕了过去,他躺在床上昏迷了很长一段时间,人们都以为他死了。

国王随后坚持要求军事法庭对他进行审判;当法庭裁定无权谴责王储时,他推翻了这一判决,并下令对他执行死刑。

由此引起的恐惧和愤慨一直蔓延到维也纳。皇帝查理六世告诉普鲁士国王,只有帝国议会才能判处王储死刑。国王回答说:"很好,那么,我就在科尼斯堡自己开设法庭判决他。普鲁士是我自己的,在帝国的疆域之外,我想做什么就做什么。"

不过,这个疯子的怒火慢慢消退下来。当一位勇敢的侍从提醒他"该由上帝裁定——即使是在普鲁士"时,他并没有发怒。他为了羞辱他的儿子,让他在政府部门的最低职位上工作了一年之后终于心满意足。

腓特烈在波茨坦

在他姐姐威廉·明妮的婚礼上，腓特烈穿着简陋的衣衫隐藏在仆人中。他被发现了，人们把他从躲藏的地方拉了出来，拉到颤抖的王后面前说："看，夫人，我们的弗里茨又回来了！"他们就此和解，三颗痛苦的心灵得到了慰藉。国王那天晚上心情一定很好。

在接下来的10年里，腓特烈被允许住在波茨坦附近他自己的城堡里，与他父亲的关系也逐渐缓和，堪称密切。他在城堡里心满意足地继续他的哲学研究，与伏尔泰通信，尽情地吹奏长笛。

腓特烈二世，普鲁士国王，玛利亚·特蕾莎女皇

但后来证实他也做了其他事情。对深奥主题的研究，与学者的谈话和亲密友谊训练了他敏锐的思维。他把这些应用于历史研究，从阅读中感受帝王的尊严，了解过去成就伟业的重要因素，他形成了自己对未来的规划。腓特烈·威廉于1740年去世时，他已经准备好全面掌握政权，并已经做好明确的计划，他严厉的父亲也不曾做到这一点。腓特烈二世开始创造普鲁士的辉煌。

6个月后，玛丽亚·特蕾莎继承了她父亲的王位。她丝毫不忌惮这位吹笛子的年轻普鲁士国王，一心一意地维护她自己的王权。巴伐利亚选帝侯凭借更优越的血统，自称皇帝查理七世，抨击她的王权。

奥地利王位继承战争

玛丽亚·特蕾莎很快卷入了奥地利王位继承争夺战争,但是这场战争很快就被一场由大胆而雄心勃勃的年轻普鲁士国王直接发起的更大的冲突所掩盖。

他声称,根据以前一项鲜为人知的交易,西里西亚是属于他的。但他殷勤地表示会支持玛丽亚·特蕾莎与其亲戚巴伐利亚争夺继承权的事业,前提是把西里西亚归还给他。

这个提议被拒绝了,而且几乎在信件中的墨水还没干之前,一支以腓特烈为首的普鲁士军队就驻扎到了有争议的省份的中心。

腓特烈的行动有两个特点——计划完全保密,行动迅速敏捷。他自己制订了计划,甚至在接到命令执行这些计划之前,连首相也不知道其存在。外国使臣们利用当时流行于宫廷内的阴谋诡计阻挠了很多酝酿中的方案,但这些阴谋在这位年轻的国王面前无能为力,因为除了他自己,谁也不知道他的计划。他亲力亲为,不懈地关注着政府工作的每一个细节,他所付出的劳动,在个人时间、休息和舒适度方面做出的牺牲震惊了他的人民。

当然,他的家人早年在西里西亚问题上犯下的失误只是一个借口。早在波茨坦时,腓特烈就下定决心,必须吞并独立的省份来巩固普鲁士,很久以前他就在脑海里描绘了一张新的地图,一张包括西里西亚的地图。

两位统治者的个人特点

腓特烈天生勇敢大胆，雄心勃勃。他具有强者意识，并且深信他被命运选中去完成一项伟大的事业：把普鲁士王国建设成德意志帝国的第一大国。

当我们看到腓特烈的理想是建立个人专制政府，由一个被神圣授权的统治者带领他的国家走向伟大繁荣，无须依赖大臣和幕僚——我们很容易想到今天欧洲某位年轻统治者正在研究的模式！

当时另一个强大的国王也在维也纳，但是她的王位受到了强大的威胁。与此同时，在她自己的领土奥地利也掀起了一场针对她的斗争。这对一个24岁的年轻女孩来说，王冠成了一个沉重的负担。但是玛丽亚·特蕾莎以惊人的勇气和坚定的信念坚持自我。她倾听大臣们的建议，然后自己做出决定，就连她的丈夫弗朗茨也不能左右她的判断。

法国、西班牙和萨克森支持巴伐利亚大公对玛丽亚·特蕾莎的王位的争夺；当一支法国军队推进到多瑙河边，维也纳受到威胁时，她逃到匈牙利，亲自呼吁匈牙利国会支持她。她答应恢复匈牙利人一直在争取的权利，她的个人魅力和光辉赢得了摇摆不定的贵族的支持，他们献给她圣斯蒂芬的王冠。在欢呼声中，她骑马飞奔到"国王山"，以真正的帝王的方式，向大地四方挥舞她的宝剑。

然后，她穿着匈牙利民族服装，怀里抱着幼子约瑟夫出现在参加国会的众人面前，她发表了雄辩而动人的演讲，描述了威胁她的种种危险,狂热的贵族们拔出佩刀,高呼:"我们愿意为我们的国王玛丽亚·特蕾莎而死!"

维也纳得救了。匈牙利的支持阻止了入侵者向首都的推进,于是他们转而前往布拉格,她的对手在那里加冕为波西米亚国王,后来又在法兰克福宣布为查理七世[①]皇帝。

腓特烈成为"大帝"

当年轻的君主被这些引人关注的合作所分心,腓特烈已经侵入西里西亚,1742年,当第二次西里西亚战争结束时,普鲁士已经控制西里西亚地区,其内150个大小城市和大约5000个村庄被纳入管辖。

当时,英格兰、荷兰和汉诺威支持玛丽亚·特蕾莎,与查理七世及其法国盟友对抗。

机警的腓特烈意识到,有了这样一个联盟,奥地利一定会成功,他也意识到,如果特蕾莎胜利,她的下一步将是试图收复西里西亚。因此,他提出与法国一起支持查理七世,投身于奥地利王位继承争夺战争中。

---

① 查理七世(1697—1745年),Karl Ⅶ,又译作卡尔七世。维特尔斯巴赫王朝的巴伐利亚选侯(1726—1745年在位)和神圣罗马帝国皇帝(1742—1745年在位)。——译者注

这场战争持续了3年，直到签署《德累斯顿条约》（1745年），该条约再次确认了西里西亚归普鲁士所有，玛丽亚·特蕾莎的丈夫获得有争议的帝国头衔成为弗朗茨一世，而腓特烈得到了更独特更著名的头衔"大帝"，这是在他返回柏林时，人们欢呼赞美时喊出来的。

腓特烈的首要任务是治愈两次西里西亚战争所造成的创伤。

试想，如果他的童年是在善良和仁爱的氛围中度过的，如果他的思想和智力得到了对应的培养和训练，那么这个人可能会是什么样子呢？这是一个有趣的猜测。

但他就像一棵树一样，在幼苗时被雷电损伤，然后又被外力扭曲摧折，从而破坏了其自然向上向阳的本质！

伏尔泰的影响

一个热情洋溢、才思敏捷、有强烈正义感的热情而敏感的男孩，在自己家里遭受了非人的野蛮对待。在他心中形成的阴影，使他转向追求充满激情的爱，私下里接受精神食粮的滋养。在心灵饥饿中，他转而追求那些他热爱的东西，并从中获得了秘密的滋养。年轻时他天性慷慨热情，却因所受的苦难而痛苦，然后在伏尔泰的教导下变得冷漠和愤世嫉俗。

他对伏尔泰如此着迷，以至于认为他是最高尚的人，把他的友谊当作最宝贵的财富。由于这种影响,他的信仰、希望、爱和孝顺在萌芽之初就已经被摧毁,留给他的是一种愤世嫉俗的、冷血的探索。他狂热地追寻18世纪的哲学家们欣然称之为真理的东西,而发现真相的方法就是分析,剖析,然后推翻。

就这样,来自未开化的野蛮人腓特烈·威廉和他所崇拜的伏尔泰共同塑造了他这样一个本性奇怪复杂的人!在管理事务方面,他除了强大的实用直觉之外,还怀着对虚伪、腐败和肤浅的法国理念的热情。他拥有最专制武断的意志,也坚定地尊重最底层人民的权利。虽然他藐视新教和天主教的信仰,但他宣称,"我的意思是,我的王国里的每一个人都有权以自己的方式得到救赎"。他也确实保障了他的人民的这一权利!

他的统治是专制的,但它是充满智慧和正义的专制主义。他自称是国家的第一公务员,在他的王国里,没有一个职员像他那样忠心耿耿地为国家服务。他凌晨4点钟起床,亲自去了解他的王国的每一个村庄和庄园,他把国家视为一个伟大的私人企业和利益团体,他要对其负责。

他是一个无情的改革者,一个一心为人民谋福祉却不显温情的国王;他是一位蓄势待发的领导人,如果需要的话,他不是去指引,而是用一只粗糙的手把普鲁士拉上通往文明繁荣的崎岖道路;他下定决心使国家强大起来,不管它想不想!

在他那个时代,有许多有趣的同伴和温文尔雅的长辈,也有不用高举拐杖来吓唬做错事的孩子的君主。但是,这个伤痕累累、性格扭曲的腓特烈,是欧洲唯一一个把一个王国转变成一种力量的人,也是他那个时代唯一被历史称为大帝的人!

思想的发展与本土文学的诞生

但是,这样的一个人,一个把自己铸造成坚定英雄的人,却无法感同身受他周围的美好。腓特烈国王完全没有注意到,德国人的思想正在觉醒,当他在打造一个物质丰富的王国时,另一个精神王国也在建设中,这将是德国的无上荣耀,而他却没有注意到这一点。

斯宾诺莎对思辨思想的热情唤醒了德国人的灵魂。康德认为斯宾诺莎的永恒秩序一定是一种道德秩序。引导人类的道德本能是最为重要的,是我们内在的上帝和神圣的居所。由此基督教的本质体现在了一种新的思辨哲学中。

克洛普施托克①和莱辛②正在开创一种民族文学,这种文学首次揭示了他们自己语言的力量、内涵和意想不到的美,并且第一次用此来表达未受国外影响的天才的思想。

---

① 克洛普施托克(1724—1803年),Klopstock,德国诗人,主要作品有《救世主》和抒情诗《颂歌》。他对歌德和狂飙突进运动影响甚巨。——译者注
② 莱辛(1729—1781年),Lessing,德国戏剧家、文艺批评家和美学家。——译者注

伏尔泰在腓特烈的皇宫

但腓特烈完全没有意识到这种湍急的新生潮流,他正忙着款待伏尔泰,每天晚上听那位虚荣而有天赋的法国人朗诵他最新的讽刺诗句,为来自巴黎的最新诙谐的警句而哈哈大笑。

在腓特烈年轻的时候,他有一个梦想就是有一天他的好朋友能住在他的宫殿里。1750年,这个梦想实现了,国王和诗人决定举行一场品位和观点都一致的不散场的宴席,伴以彼此钦佩和深刻的友谊!

腓特烈觉得他自己就是个诗人,只是因为国家事务而无法作为诗人扬名于世。这位狡猾的法国人伏尔泰一直是他皇家朋友中的文学知己,在他们漫长的书信往来中,他收到了许多诗词手稿,并且这些诗作得到了这位伟大批评家的恭维。因此,在这种亲密的伙伴关系中,最令人愉快的一点就是伏尔泰悦耳动听的赞美,这些赞美让腓特烈觉结束了一天工作后的夜晚也令人愉快。

皇帝和诗人近距离接触后的变化

但是伏尔泰觉得腓特烈的诗作非常无聊,而王室主人开始发现他的客人自私、冷漠、嫉妒,甚至是恶毒的。魅力光环开始变得黯淡。他也变得像伏尔泰一样讥讽刻薄。这位伟大的诗人对赞美的渴望也不亚于皇帝,尽管他的诗句也确实容易让人无聊困倦。

于是他们日渐疏远,最后成为敌人。他们不欢而散,伏尔泰回到了法国,写诗尖刻讽刺腓特烈国王,虽然他曾是塑造国王性格和理念的主要人物之一。

当时在德国有一个人叫歌德,他的荣耀比伏尔泰或欧洲任何同时代的人都要耀眼,甚至就像太阳之于群星一样。但是腓特烈的耳朵听不到用自己的语言写出的音乐,他那扭曲的灵魂也不能体会歌德天赋中自然而崇高的和声。

第十三章

英法在美洲的边界之争

曾经有一段时间，欧洲的两个国家可以在不打扰邻国的情况下打个你死我活，但自16世纪欧洲国家形成了更大的联合体，就再没有这样孤立的安全了。

因此，1755年，当英国和法国在其美洲殖民地的边界上发生冲突时，战争波及了整个欧洲。就好比当时发生了一场吞没里斯本的地震，而安大略湖海岸也有震感一样，在遥远的加拿大发生的一件事打破了德国持续11年之久的和平。

玛利亚·特蕾莎加入法兰西

对立的双方英国和法国，根据当时盛行的方式开始寻找盟友。这两个国家都邀请了玛丽亚·特蕾莎，她正在考虑哪一方最能满足她的利益。

自1714年以来，英格兰一直由汉诺威国王统治。她无法确定收复西里西亚时能否得到那个国家的援助——这是她联盟的价码。她决定，最好的策略是获得路易十五①的帮助。路易十五一定会很乐意帮助她对付腓特烈，这样他可以在与英格兰开战时得到来自奥地利的援助。

这位美丽的皇后和欧洲任何一位政治家一样敏锐而深沉，她采用了完全女性化的手段和方法来实现她的宏伟计划。

她知道俄国皇后伊丽莎白因为普鲁士国王对她的一些轻蔑评语而受到了极大的冒犯，所以她巧妙地利用了这一点来为自己谋利。她完全明白如何说服被女人征服的路易十五——她给蓬帕杜夫人②写了一封恭维的信，然后利用她对国王的影响力说服了国王。

反对腓特烈二世的同盟

这些谈判以极其秘密的方式进行着，三个大国之间终于缔结了盟约，准备在1757年春天向普鲁士开战；他们甚至已经商量好如何瓜分普鲁士王国！

---

① 路易十五（1710—1774年），Louis XV，作为法国国王在1715—1774年期间执政。他执政的早期受到法国人民的拥戴。但是，他无力改革法国君主制和他在欧洲的绥靖政策，使他大失民心。——译者注
② 蓬帕杜夫人（1721—1764年），Madame de Pompadour，法国国王路易十五的著名情妇、交际花。——译者注

腓特烈通过秘密特工完全得知了他们的计划。他明白他们已经下定决心毁灭他，只有斩钉截铁的勇气才能扭转结局。他决定先下手为强。

在盟军还没准备好时，腓特烈带着7万大军，悄无声息地来到了中立的萨克森王国，埋伏在去往布拉格路上的德累斯顿。

七年战争

这一行动完全打乱了盟国的计划，他们不得不暂停计划，举行会议进行商讨，会议决定请求瑞典加入联盟。最后，那个几乎被遗忘的机构，德意志帝国的国会，正式对普鲁士宣战，第三次西里西亚战争，或称七年战争打响。

这个伟大联盟的公开目标不是收复西里西亚，而是王国解体，剥夺了腓特烈的帝王头衔，并将他降为一个小小的勃兰登堡侯爵。

英格兰和一些德意志小国是他的盟友；但是，由于乔治二世非常不喜欢他，他从那里得到的援助十分有限，他几乎是孤军对战联合起来反对他的半个欧洲。

接下来的七年见证了伟大的胜利，也见证了惨烈的失败。有的时候普鲁士的大业似乎惨遭失败，有的时候盟军似乎毫无希望。但是胜利的趋势更多地倾向于腓特烈而不是他的对手。他在布拉格打败了奥地利人；在洛巴治（Rossbach）击败了德意志帝国和法国军队；在左恩多夫（Zorndorf）击败了俄罗斯军队；这些战绩和数以百计战士的名字代表着不朽的勇气、胆量和牺牲，永远铭刻在普鲁士的史册上。

一些关于军队前进和撤退、战斗和屠杀的描述比较混乱，但有一点十分清楚。那就是诧异——诧异于这么多的人愿意在一个野心勃勃的人的命令下死去，他们前仆后继，为的是普鲁士的伟大崛起！诧异于没有人愿意责备他因为西里西亚而带来的临头大祸；相反，就算战场上有两万人的遗体尚未下葬，当他召集更多士兵时，他们仍然给予了狂热的支持！

普鲁士成为"五大强国"之一

但是普鲁士崛起就要归功于这样的支持。"夺取"和"征服"写在普鲁士的基石上，而领导人们的正是腓特烈大帝。

令人愉快的是要再次谈到和平。盟军厌倦了长期的战争，逐渐从奥地利撤出。玛丽亚·特蕾莎无法独自坚持下去，她不得不放弃毁掉腓特烈的梦想。带着内心的痛苦和耻辱，她同意永远放弃西里西亚，作为和平的代价，虽然这不是她想要的和平。1763年，他们签署条约《胡贝图斯堡条约》，七年战争结束了。

彼时整个欧洲称腓特烈为"大帝"，普鲁士在"五大强国"中占有一席之地。

下一步要做的就是修复七年战争留下的荒芜。战争将近15 000所房屋化为灰烬，消耗了太多的人口，导致没有足够的人来耕种田地，也没有足够的马来收割庄稼。

　　讲求实际的国王预见到了这一点，强制农民种植马铃薯，虽然这种食物不是很受待见，但是这种有用的块茎粮食把普鲁士和西里西亚从饥荒中拯救了出来，他们的一些邻居也幸免于难。因为多达两万饥肠辘辘的难民离开波西米亚被践踏和烧毁的玉米地来到这里，以普鲁士的马铃薯为食，并于此定居。

　　人民又开始了重拾曾做过多次的任务——修复战争带来的破坏。事实上，150年来，他们要么一直在忍受恐怖的冲突，要么治愈伤口，重建冲突所造成的荒废之地。我们还能怀疑他们的坚强和认真吗？若懦弱者在风暴中丧生，幸存者压抑的灵魂也无法感到快乐。宗教曾经是他们的慰藉和避难所，但由于宗派冲突带来的痛苦，它的作用也大幅削减。

内外形势

　　一些人在摸索着寻求解除罪恶和苦难的方法，探索艰难求生的意义，他们认为自己在新的哲学中找到了。在伏尔泰和卢梭的影响下，法国人摆脱了宗教信仰的束缚，且没有利用任何代替品，但是德国人更有远见，在旧的灵魂避难所被消灭之前，他们正在打造一个开阔的新的灵魂避难所；新避难所的门上刻着无拘无束的思想自由，里面供奉着哲学。

所有这些喧嚣的内心生活都在生长：一个伟大而真诚的灵魂的生长和发展，以及新的生存能力和行为能力的觉醒。这些能力的发现是一个巨大的惊喜，思辨的思想和文学成了一种引人入胜的激情。

第十四章

玛丽·安托瓦内特嫁给法国路易公爵

到七年战争结束时,玛丽亚·特蕾莎已经花了统治期间的23年与腓特烈进行了一场徒劳无益的战争。她没有分割他的王国,把他变成一个普通的勃兰登堡侯爵,反而失去了西里西亚,被迫听着对她的敌人响彻欧洲的赞颂,听着他被称为"大帝"。

9年后,她不得不与普鲁士国王平等地讨论波兰的分治问题,并眼看着那个不幸的国家的一大片国土再次扩充了普鲁士国王的疆域。这对她而言就像吞下了苦涩的药片。

但在那次事件之前,也就是战争结束两年后,弗朗茨一世去世了(1755年)。虽然弗朗茨一世拥有帝王头衔,但自从玛丽亚·特蕾莎抱着幼子,在普雷斯堡赢得了匈牙利国会支持的那一天起,她就掌握了实质的权力,领导着国家大事。

现在那个幼子成了约瑟夫二世①。但是，在玛丽亚·特蕾莎活着的时候，权力仍然掌握在她的手里，事实上，她的名字将是奥地利王位上的最后一缕灿烂的光芒。但这缕光芒只是漫长艰难的一天下来夕阳的余晖，而普鲁士则闪耀着黎明的光芒。

玛丽亚·特蕾莎如此热切地寻求与路易十五的友谊，千方百计达成了一个不同类型的至关重要的联盟。皇后和法国国王共同安排了一场联姻，即她美丽的小女儿玛丽·安托瓦内特②和年轻的法国皇太子路易③之间的婚姻。

哈布斯堡改革失败

在专制中心出生、哺育和培养出来的奥地利女皇，听不到当前关于人权和自由的思想，完全误解过去、现在和未来。她怎么会想到在法国王位下集聚的可怕力量，又怎么会想到法国将成为她的孩

---

① 约瑟夫二世（1741—1790 年），Josef Ⅱ，是哈布斯堡-洛林王朝的奥地利大公，1764 年成为罗马人民的国王（1764—1790 年在位），1765 年加冕为神圣罗马帝国皇帝（1765—1790 年在位），1780 年是为匈牙利国王和波西米亚国王（1780—1790 年）。——译者注
② 玛丽·安托瓦内特（1755—1793 年），Marie Antoinette，早年为奥地利女大公，后为法国王后。法国大革命爆发后，被交付给革命法庭审判，判处死刑，享年 38 岁。——译者注
③ 皇太子路易（1754—1793 年），即后来的路易十六，Louis XVI，法国国王，1774 年即位，1792 年被废黜，并于次年 1 月 21 日被送上断头台。路易十六为法国历史上唯一被处决的君主，其死亡宣告了延续近千年法国君主制的终结。——译者注

子——玛丽·安托瓦内特的断头台呢？在她心里，哈布斯堡王朝和波旁王朝就像阿尔卑斯山一样稳固而经久不衰。

美洲13个英国殖民地奋起叛乱，并自己建立了一种新颖的政府形式，对她来讲这并没有什么特别的意义。这是英格兰的事，不是她的事，而且这些叛乱迟早会像其他反抗权威的叛乱一样，被镇压下去。

在玛丽亚·特蕾莎有生之年，没有看到这场斗争结束，也没有看到这场斗争在法国引发的事件。她逝世于1780年。说来奇怪，她的儿子约瑟夫二世深受新的人权观念的影响。当这个年轻人开始着手在奥地利建立一种进步的新秩序时，腓特烈和欧洲感到非常惊讶：一个哈布斯堡家族成员试图迫使他的人民进行他们不想要的改革，赋予他们不知道如何使用的权利，这真是一个奇怪的景象。

他的计划崇高而卓越，但他没有意识到这些计划过于笼统，发展得太突然，无法持久。他的人民还没有成熟到能够摆脱他们所喜爱和崇敬的旧枷锁。在尝试着将教会从耶稣会手中解放出来，解放匈牙利的农奴，但他一无所得，反而带来了混乱。约瑟夫的健康状况因其伟大改革计划的失败而每况愈下。他于1790年去世，他的兄弟利奥波德二世[①]继位。

人们没有想到的是，腓特烈对美洲自由年轻的共和国颇为关怀。1783年他送了一把荣誉之剑给华盛顿，那是因为他认识到这个

[①] 利奥波德二世（1747—1792年），Leopold Ⅱ，哈布斯堡－洛林王朝的神圣罗马帝国皇帝（1790—1792年在位），匈牙利和波西米亚国王。——译者注

人的伟大，也许他只是从乔治三世的耻辱中享受一种恶意的快感。

浪漫主义取代文学中的感伤主义

这位国王所不了解的是，当时知识分子的觉醒给德国带来了巨大的变化。莱辛是第一个摆脱对法国唯心主义的无力模仿的人。歌德和席勒的天赋唤醒了文学中一种新的精神，即浪漫主义精神，一场被称为"狂飙运动"的知识运动或者说狂飙突进时代开始了。歌德和席勒在文字王国中至高无上，赫德和施莱尔在历史学和文学批评中成就显著；洪堡和里特在地理科学中独占鳌头；菲希特、黑格尔、谢林和康德在哲学界成绩斐然；福克和蒂克在想象力上无人能敌；让·保罗·里希特在先验思想的神秘奇幻上颇有建树。

当卡尔·奥古斯特把歌德召唤他在萨克西·魏玛的宫廷，让他加入那一群著名作家中，并将魏玛命名为"德国雅典"时，德国的黄金时代到来了。

路德对文学的影响

有趣的是，路德第一次推动了这场运动，他向德国人展示了他们自己语言的丰富。他通过对"圣经"的翻译和赞美诗的创作，创造了简洁大方的现代德语。

路德的影响也体现在另一种艺术中。人们吟唱他的赞美诗唤醒了内心的热情,教会音乐的形式因此发生了翻天覆地的变化。在德国的那个黄金时代,音乐也成了一门伟大的艺术,出现了莫扎特、格鲁克、海顿和贝多芬等不朽的名字,伟大的交响乐时代就此开启。

腓特烈由其侄子继任

虽然腓特烈的品位使他对文学和音乐有强烈的兴趣,但这两种艺术在德国获得的丰富发展并没有得到他的任何帮助。1786年腓特烈逝世时,他留下的"纪念碑"是普鲁士王国;这个王国领土扩大,人口众多,拥有庞大的军队和充裕的国库,可以与任何一个欧洲大国平起平坐。

由于腓特烈大帝没有子嗣,这笔富丽堂皇的遗产就传给了他的侄子腓特烈·威廉二世[①]。

[①] 腓特烈·威廉二世(1744—1797年),Friedrich Wilhelm Ⅱ,霍亨索伦王朝的普鲁士国王和勃兰登堡选帝侯(1786年8月17日—1797年11月16日在位)。——译者注

普鲁士占据德意志帝国统治地位的影响

随着普鲁士在德意志帝国的重新崛起，长期以来一直在进行的进程加快了。德意志帝国已经形同虚设，变成一个内部空空如也的框架。差不多仅存的遗留就是帝国议会，30个一本正经的老人以为他们通过修复浅薄老旧的传统之线并加以编织，就可以维系这个备受尊崇的帝国。

德意志帝国能达到鼎盛时期，依靠的是上帝的恩泽和环境的力量，而不是健全和完美的内部结构体系。它总是在与致命的内在缺陷做斗争。它的生命潮流从未自由流动，并且几个世纪以来变得越来越缓慢。到现在，已经完全停止流动了。它的各个组成部分之间没有任何不可或缺的纽带。爱国之情更是空空如也。当时最伟大的德国人之一莱辛说："我不知道什么叫对国家的爱！"

风暴前的宁静

在这巨大的专制空壳中，又有什么能激发爱国主义呢！这支离破碎、毫无生机的老旧体系在根本上就是错误的。它建立在封建主义不公正的基础上，这种不公正迫使人民承担全部的税收负担，而贵族和神职人员免于缴税。英格兰很久以前就纠正了这一严重错误。法国正酝酿着一场巨大的革命来摆脱这一困境。德国曾在开明而仁慈的约瑟夫皇帝手中获得解放，但死气沉沉、麻木僵化的德国人民并没有懂得他的用意。

他试图给帝国注入新的生命力，却徒然无功。找不到流通的渠道来传送新生的力量。唯一能做的就是毁掉这座空壳——做这件事的人和时间都已具备。利奥波德二世在解决他的改革派兄长约瑟夫留下的混乱时，其表面上的宁静就是暴风雨来临之前的宁静。

第十五章

风暴伊始

　　法国已经逐渐积聚起改变欧洲面貌的力量。当伏尔泰和卢梭把嘲笑教会变成一种潮流时，这种力量就开始发挥作用了。后来，由于宗教和道德的紧密关系，美德也成了人们嘲笑的对象。引发这一切的精神本应是一种改革精神、是将人们从教会的束缚中解放出来的一种努力尝试。自然而然，这也引发了人们对其他的桎梏和弊端的攻击。宫廷的罪恶——其挥霍无度、骄奢淫逸也被揭露出来，所有这些都提醒人们，"他们"必须为之付出代价。

　　就在这个时候，北美的殖民地因为不公正的征税制度奋起反抗，摆脱了英格兰的压迫，法国热情地帮助他们建立了一个自由共和国，来羞辱她的对手！

国王和王后的死刑

法国人从美国返回,将美国制度的鲜活生机和纯粹与法国的腐朽进行了对比。激流开始了缓慢的涌动。就算是黎塞留或路易十四再世也无力阻止这一迅速发展起来的疯狂势力。弱小善良的路易十六又能做些什么呢!他就像一艘被困在尼亚加拉河湍流中的小船,迟早会摔下悬崖,区别只在于他在掉下悬崖之前还能挺过多少曲折的滩涂。1793年,欧洲人惊悚地得知路易十六被处决,9个月后,玛丽亚·特蕾莎的女儿——美丽可爱的玛丽·安托瓦内特——双臂反绑,坐在马车上,被送上了断头台。

一个共和国和第一个联盟

最初引导这场风暴的人最终也被风暴吞没,经历了一场欧洲前所未有的悲剧后,法兰西共和国宣布成立。

这是对几百年来的不公正和压迫的可怕报复。但是它的目的已经完全达成了。过去的暴政已经不复存在。如果要再次征服法国,就不得不重新打造枷锁!

欧洲列强不仅对这种实现目标的手段满怀恐惧和愤慨,他们还惊慌地发现,这个仿照大洋彼岸制度而建的共和国近在咫尺。

为了推翻这个共和国,他们组成了一个联盟,称为第一联盟。

如果欧洲各国真的齐心协力，这个新的共和国就会夭折。但是当时奥地利忌惮普鲁士，而普鲁士则提防奥地利和英国之间的亲密友谊，退出联盟，与法兰西共和国讲和。

波兰及其分治

俄罗斯女王凯瑟琳①也出于自己的考虑拒绝加入联盟。她认为，整个欧洲都卷入此事，正好可以利用这段时间解决与土耳其的宿怨，同时处理一下正在爆发革命的波兰。因此，当德意志帝国忙着镇压法国的共和主义时，普鲁士的腓特烈·威廉二世助力镇压了波兰的独立。

柯斯丘什科②没能保卫这个不幸的国家。1794年，随着华沙的衰落沦陷，众多国家中再也没有波兰的存在。

因此，奥地利实际上是孤军奋战于消灭这个新的共和国的战场上，然而，这个新共和国的力量正在不断发展壮大，而打击它的力量却无精打采，效率低下。因为奥地利也分心于波兰发生的事情，担心得不到属于自己的那份战利品。

---

① 凯瑟琳（1729—1796年），Catherine，即叶卡捷琳娜二世，也译为凯瑟琳二世、凯瑟琳大帝，俄罗斯帝国史上在位时间最长（1762—1796年在位）的女皇帝。在其治下俄罗斯经历复兴，达到其历史顶峰并成为欧洲列强之一。——译者注
② 柯斯丘什科（1746—1817年），Kosciusko，波兰军队领导人，担任国家武装部队最高司令，领导了反抗俄罗斯帝国和普鲁士王国的柯斯丘什科起义。此外，他还曾参加过美国独立战争。——译者注

拿破仑·波拿巴在意大利

玛丽·安托瓦内特的哥哥利奥波德去世于他妹妹被处决的前一年，他的儿子弗朗茨二世[①]成为德意志的皇帝。在欧洲引起了巨大轰动的新共和国的政府构造非常简单。其首脑是5个被称为督政官的人，年仅26岁的无名小卒拿破仑·波拿巴[②]被授予军事指挥权，而意大利则是这支军队驰骋的战场。

毫无疑问，弗朗茨认为，解决波兰分治这一更重要的问题之后，就可以轻而易举地解决法国问题。他绝对想不到，有一天，他会在那个年轻人的命令下摘下皇冠，而这位拿破仑·波拿巴将会踩着德意志帝国的废墟统领欧洲。

1796年，这个年轻的科西嘉人率领一支衣衫褴褛的军队进入意大利。他们没有补给，弹药紧缺，于是他大胆地计划让被侵略的国家支付他们征战的费用。

他指着意大利的城邑，对他的士兵说："这就是你们的赏赐。

[①] 弗朗茨二世（1768—1835 年），Francis Ⅱ，神圣罗马帝国的末代皇帝（1792—1806 年在位），奥地利帝国的第一位皇帝（1804—1835 年在位）。法国大革命中被断头的玛丽·安托瓦内特王后是弗朗茨二世的姑姑。——译者注

[②] 拿破仑·波拿巴（1769—1821 年），Napoleon Bonaparte，法国军事家、政治家与法学家，在法国大革命末期和法国大革命战争中达到权力巅峰。拿破仑最为人所知的功绩是带领法国对抗一系列的反法同盟，即所谓的拿破仑战争。他在欧洲大陆建立霸权，传播法国大革命的理念，同时创立法兰西第一帝国，在一定程度上恢复过去旧制度中的一些体制。拿破仑在他所参加的这些战争中屡获胜利，以少胜多的案例屡见不鲜，由此他也被认为是世界军事史上最优秀的军事家之一，他的战略也为全球的军事学院所研究和学习。——译者注

它足够丰厚，但你们必须征服它。"他熟知法国人的性格，知道如何用简洁、有力的语言打动他们，像又一个恺撒一样对他的军团发表演讲；他激励士兵追求荣耀，激发他们前所未有的热忱。

他也熟知对手的弱点，并且知道如何加以利用，就像恺撒利用高卢人之间的对抗和猜忌一样。就这样，法国人、德国人和意大利人的特点都为他所用。他知道如何用意想不到的新计策去迷惑敌人，这使得对手学过的一切军事理论和经验都毫无用武之地。

在很短的时间内，意大利中部地区就展现在他面前，被他的复仇行动吓得瑟瑟发抖的诸侯们主动献上金钱财宝来换取和平。就在此时，他还打算把巴黎变成另一个罗马，用属于那些堂皇的意大利城市的装饰品来装饰它。因此，他要求用珍贵的绘画藏品作为和平的代价。帕尔马公爵献给他无价的艺术珍品，甚至教皇也以2 100万法郎、100幅昂贵的画作和200份罕见的手稿购买了中立地位。

到1797年《坎波·福米奥条约》签署时，拿破仑赢得了14次战斗，征服了意大利。

德意志帝国已经失去了它在意大利的所有领地，在法国的保护下，这些领地重组成为阿尔卑斯共和国。还有在瑞士建立的赫尔维蒂共和国也同样受其保护。然后拿破仑轻蔑地把威尼斯当作祸根扔到德皇的膝上来换取荷兰。于是又一个在法国保护下的共和国在荷兰建立。

随着莱茵河的左岸被割让给法国，在四年前还处于政治混乱状态的法国，已经成为欧洲的领头羊。

拿破仑在埃及

在这个成就如此辉煌的人的领导下，还有什么是法国做不到的呢？他巧妙地想到一个削弱英格兰的主意，他威胁英格兰在亚洲的领地，并率军进入埃及。在那里，他的每一个公告，每一次对军队的演讲，都为他的名声增光添彩。似乎金字塔都是为了他精湛的军事艺术和野心而建造的！

虽然他的舰队被纳尔逊①摧毁，他的军队处于危险之中，但是法国需要他，于是他带着征服者的傲慢回国。他被欣喜的法国任命为总司令，然后他毫不理会5位督政官，任命了自己和另外两人为执政官。

第二个联盟

现在英国、俄罗斯和奥地利组成了第二个反法联盟，随之而来的是另一次战役，拿破仑延续了在意大利的辉煌战绩。根据1801年的和平条约，他创立的三个共和国得到正式承认，德国的诸侯们为了弥补自己的损失，瓜分了宗教统治者的领地。

---

① 纳尔逊（1758—1805年），Nelson，海军中将第一代纳尔逊子爵霍雷肖·纳尔逊，英国18世纪末及19世纪初的著名海军将领及军事家，他在1805年的特拉法加战役击溃法国及西班牙组成的联合舰队，但自己在战事进行期间中弹阵亡。——译者注

此举废除了100个由大主教、主教和其他神职人员统治的州,查理大帝自己奠定的一块帝国基石被粉碎。

拿破仑,命运的工具

这个与众不同,梦想着普世帝国的人,迷信地相信命运想让他把欧洲握在手中。但我们现在可以看到,命运将他设计出来为的是一个截然不同的目的,一次非常短暂的任职。命运视他为一个可怕的工具,打算利用他来达到一个特定的目的,然后再把他弃置一旁。

这个目的就是摧毁罗马德意志帝国。几个世纪以来,这个死气沉沉的庞然大物带来的沉重压迫已经摧毁了中欧的生命和希望,它需要一些外来的巨大力量打破其时间久远的铆钉。而这股力量现在掌握在一个工匠手中,他以为他是在为自己建造宏伟大业。但是,他其实是在翻开、耕耘、耙平德国的土地,为新形式的政治生活打好地基;没有什么能比宗教领地的世俗化更有效地粉碎旧的专制政权。此外,当我们看到许多小国的灭亡和将近1 000个"帝国"贵族家庭的特权被废除,我们意识到他正在将德国从困扰了她几个世纪的梦魇中解救出来。

第十六章

法兰西皇帝拿破仑

在欧洲不可思议的变化中，18世纪结束了。法国成为欧洲大陆的统治力量。普鲁士躲藏在怯懦的中立状态下，只剩下奥地利与外国盟友一起为帝国生存而战。战斗已经惨遭失败，现在弗朗茨二世坐在岌岌可危的王座上，顶着一个毫无意义的头衔。

但是拿破仑正在建造他自己的大厦。1803年，他自立为终身"第一执政"；1804年，他获得法兰西皇帝拿破仑的头衔。他强迫教皇前来巴黎，主持加冕典礼。

然后，在将几个意大利共和国团体改为意大利王国之后，他想要继任皇帝，于是他按照皇帝的方式，自己戴上了伦巴第的铁王冠。

他开始了欧洲有史以来最大胆的计划：把整个欧洲大陆变成一个庞大的帝国，让这几个国家的国王和诸侯都臣服于他。

第三个联盟

这时由英国、奥地利、俄罗斯和瑞典组成的第三个联盟成立了,普鲁士仍然保持中立。那时俄罗斯的皇帝是亚历山大一世,腓特烈·威廉三世[①]继承了他的父亲腓特烈·威廉二世的王位,延续了普鲁士胆怯和不爱国的政策。

德意志帝国在奥斯特利茨受到致命打击时,普鲁士国王怀着对奥地利的敌意,抱着为普鲁士争取和平和报酬的希望,顽固地保持中立态度。盟军在所谓的"三皇之战"中一败涂地。

普鲁士耻辱地接受了汉诺威作为奖赏,包括巴伐利亚、巴登、符腾堡和黑塞·达姆斯塔特在内的17个德国州正式脱离德意志帝国,并宣布臣服于法国皇帝。这就是著名的莱茵联邦(Rheinbund)。

德意志帝国现在被缩小为3个独立的部分:莱茵联邦,一个愿意效忠拿破仑的国家联盟;普鲁士,实际上已经与帝国的毁灭者结盟;奥地利,在毁灭者的控制下无能为力,而拿破仑则坐在维也纳的皇宫里,拟定和平条款。

[①] 腓特烈·威廉三世(1770—1840年),Friedrich Wilhelm Ⅲ,霍亨索伦王朝的普鲁士国王(1797年11月16日—1840年6月7日在位)和勃兰登堡的选帝侯。——译者注

帝国解体及弗朗茨二世退位

帝国支离破碎,再无回天之力,于8月6日正式宣布解体。弗朗茨二世放弃皇冠,改称为"奥地利皇帝"。

并不是普鲁士的人民为了和平和汉诺威而对祖国不忠,而是他们的国王和诸侯给他们带来了这个污点,他们美丽的王太后露易丝,威廉皇帝的母亲,曾恳求国王遵循忠诚爱国的道路,但是徒劳无功。

报应很快就来了。贪得无厌的征服者从来没想让普鲁士这样一个伟大的国家安享和平。他很快制订好了计划,打算建立一个受他保护的北方联盟,而这个联盟将由一些普鲁士北方国界线处的州组成。

耶拿战役及《提尔西特和约》

1806年,普鲁士被迫拿起武器自卫,却在耶拿(Jena)遭遇惨败。征服者拿破仑的军队占领了柏林,与他之间的友谊使腓特烈·威廉牺牲了自己的国家,曾用她的势力来对付拿破仑的美丽的普鲁士王太后受到了傲慢无礼的对待,而对于那些不久之前还在反抗,现在却跪地求饶的人,拿破仑毫不掩饰自己的轻蔑。

《提尔西特和约》(1807年)确定了对普鲁士的全部惩罚措

施。它曾瓜分的波兰领土成为"华沙大公国",受法国保护。它剩下的一半领土被改造成威斯特伐利亚王国,拿破仑的兄弟杰罗姆任其国王。普鲁士的其余部分则要承担巨额赔偿,并为驻扎在境内的法国军队提供军需。

但是,直到后来拿破仑脚踩欧洲大陆,迫使普鲁士国王和他仅剩的王国加入莱茵联邦,向法国提供军队,从而协助他完成其欧洲宏图时,这杯耻辱的酒水才见底。

大陆性封锁

与此同时,拿破仑在与俄皇亚历山大[①]一个小时的会面中,利用他神奇的影响力赢得了这位皇帝的友谊。这位杰出人物一直在为欧洲的和平而战!他向亚历山大透露了他的计划,那就是他们两个应该是和平永远的守护者,为了保障和平,就要遏制英格兰的嚣张气焰,为此就要破坏其商业繁荣。于是,整个欧洲都被禁止与英格兰进行贸易。欧洲大陆都对这个"小店主国家"进行封锁。亚历山大大获全胜,拿破仑承诺不去打扰他忙于仁慈事业的新朋友。

现在依附于法国的省份被划分为王国和公国,为了更好地控制

---

① 亚历山大(1777—1825 年),Alexander,即亚历山大一世·巴甫洛维奇,罗曼诺夫王朝第十四任沙皇、第十任俄罗斯帝国皇帝。由于亚历山大一世于拿破仑战争中击败法兰西第一帝国的拿破仑一世,复兴欧洲各国王室,因此被欧洲各国和俄国人民尊为"神圣王、欧洲的救世主"。——译者注

它们，拿破仑把他自己的家庭成员和私人朋友安置在各个王位上。

　　他的弟弟路易斯成为荷兰国王；他的妹夫缪拉①被封为那不勒斯国王；他的继子欧仁·博阿尔内②担任意大利总督；杰罗姆·波拿巴，正如我们已经提到过的，担任威斯特伐利亚国王；他的兄长约瑟夫早已被他任命为西班牙国王，在他征服德意志时处理朝政。

　　在这段时期，德国人对这个人的真实看法是什么呢？

　　我们听说有90位德国作家为他写了专著，还有一些奴颜婢膝的报纸在赞美他。我们也知道，贝多芬有一部不朽的作品就是受他的启发而创作的。但是，我们必须记住，他像一个太阳，太大，太耀眼，除了从远处以外，无法准确测量。尽管如此，我们还是离他太近了，这个世界对拿破仑的评价和对莎士比亚的《哈姆雷特》的真正含义的评价是一样的。这是一个永恒的争议。他的计划体现了他的不凡，他对于手中权力的掌控体现了他伟大的野心、自私、残忍和超凡的智力。

---

① 缪拉（1767—1815年），Murat，若阿尚·缪拉，法兰西第一帝国军事家、元帅，曾任贝尔格和克莱沃公爵（1806年起），后成为那不勒斯国王（1808—1815年在位）。他以杰出的骑兵指挥官和勇武绝伦的战士而著称。他的配偶是拿破仑的妹妹卡罗琳·波拿巴。——译者注

② 欧仁·博阿尔内（1781—1824年），Eugene Beauharnais，法国军事家，为亚历山大·德·博阿尔内子爵与妻子约瑟芬的独子，拿破仑继子。——译者注

与玛丽·路易莎的婚姻

拿破仑意识到了世袭制度的意义。因为没有它，他自己才能够攀爬到现在的职位。但是，继承这一职位则需要高贵的血统来巩固他们家族的地位。没有什么比哈布斯堡家族的血统更能胜任这个伟大的职位。他像赶走罗马教皇一样无情地将约瑟芬扫地出门，强迫弗朗茨二世把他的女儿玛丽·路易莎[①]送给剥夺了他王位和帝国的人，而这个人正在渐渐地融合他剩下的高贵血统。

这场婚礼举行于1810年，拿破仑和他的哈布斯堡皇后在德累斯顿建立了一个临时的宫廷。

然后，将所有独立的德意志王国吞没在同一个深渊中的进程开始了。荷兰王国首先并入法兰西帝国；然后，北德也以同样的方式被吞并；显然，莱茵联邦接下来也将面临同样的命运。就像卫星已经开始融入太阳里去了。

[①] 玛丽·路易莎（1791年—1847年），Maria Luise，法兰西帝国皇帝拿破仑一世的第二位妻子，并因此是法兰西帝国皇后。——译者注

第十七章

巴伐利亚农民起义

对于引起了这些风云变幻的拿破仑来说,巴伐利亚的一小撮泰罗尔农民奋起反抗法国国王只是一件微不足道的小事,但是一小部分哲学家、诗人和文学家一起在普鲁士商量如何摆脱统治者迫使他们叛国所带来的耻辱,并打算引领一场德国解放的大众运动,这可就不是一件小事了。

但这是一种拿破仑从未经历过的力量的首次萌芽。他曾经与国王、诸侯以及依附于祖先的辉煌和财富的傲慢贵族们开战,但是他的军队从未面对过爱国主义力量。

他之所以没有遇到过,是因为在他推翻从前压迫的暴政之前,德意志根本就不存在爱国主义。现在,德意志有一些勇敢的爱国者联合起来,煽动人民起义。一个名为"美德联盟"的协会就此成立。然后,泰罗尔的农民起义被镇压,在拿破仑的命令下,他们的领袖霍费尔①被无情射杀。法国间谍以为他们将爱国主义诬陷为叛国罪就可以将之根除，授命普鲁士国王镇压"美德联盟"。

入侵俄罗斯

此时此刻，拿破仑的雄伟大业正处于巅峰。他下令罗马应并入他的帝国，并坚持他年幼的儿子应获得"罗马国王"的称号，这一头衔此后应属于法国皇帝的长子。如果这真的给他的名声带来了唾骂呢？但是人们的祝福也好，诅咒也罢，对他来说都无所谓了。当亚历山大一世将他们之间的情谊丢在一旁，停止为毁灭英格兰而对其实行大陆性封锁的计划，公然与他对抗时，他反而挺高兴的。

现在他可以随心所欲地制订他的宏伟计划了。是否有人认为征服俄罗斯就是这个计划的全部？差得远呢！我们有充分的理由相信，征服俄罗斯之后，他打算向亚洲推进，并将英国人驱逐出他们宝贵的印度土地！

自从阿提拉时代以后，再也没有一支这样的军队进入俄罗斯——浩浩荡荡60万大军，只有1/20能归来！拿破仑在肆无忌惮地挥霍法国人的生命吗？根本不是。本应在国内为自身解放而战的德国人、比利时人、普鲁士人、撒克逊人、巴伐利亚人和瑞士人是组

---

① 霍费尔，Hofer，安德烈亚斯·霍费尔，拿破仑战争时期的奥地利的爱国志士、军事首领和人民英雄。他的被杀在德语地区激起强烈的民族情绪。——译者注

成这支大军的主要力量。

警惕的拿破仑担心普鲁士趁他不在的时候反抗，于是派遣6万法国军队驻守普鲁士，而他则带着普鲁士人去俄国奔赴那惨烈的战场。

9月7日，这支大军启程了。日复一日，他们在沉寂荒芜的大地上跋涉了两个月，到达的却是一座寂静得有些诡异的城市。难道所有人都在他们到来之前逃跑了吗？他将自己的大本营安置在克里姆林宫。突然，上百个地点燃起了大火。整个城市化为一个咆哮的火炉。他们试图灭火却徒劳无功。几个小时后，他们的战利品莫斯科化为一片废墟和灰烬。

败退

拿破仑等待着亚历山大求和的消息却毫无音讯。不久暴雪来临，北方凛冽的寒风席卷而来。最后，他不得不让步。他派遣使者拜见亚历山大——却仍然没有回音。给养逐渐消耗殆尽，而延绵不绝的皑皑白雪又切断了粮草运输的路线。

随后俄国人来了。这支饥寒交迫、惶惶无措的大军怎么可能是哥萨克大军的对手呢？他们绝不能留下"撤退"的故事。眼窝凹陷、瘦削憔悴的士兵们扔下武器，为了一块面包或一匹死马，像饿狼一样彼此厮打。

12月5日，拿破仑悄悄地溜走了，扔下了那些受他的野心所害而瑟瑟发抖、饥肠辘辘的士兵们，让他们想尽自己的办法回去。他知道，除了一小部分人以外，这片皑皑白雪终将成为这只大军的裹尸布。

约克将军领导的大众运动

当腓特烈·威廉三世接受了最后的羞辱，派出普鲁士军队为拿破仑作战，让法国军队驻扎境内守卫普鲁士时，人们义愤填膺，悲愤之情蔓延开来。他3名最好的将军布吕歇尔[①]和另外两位都辞职了。

侵略大军中，由约克将军领导的普鲁士特遣队，已经从多次败退中逃脱，此次进入俄罗斯的60万人中有30 000人得以归来。

这位普鲁士指挥官，带着他的士兵一到前线就自己做主抛弃了法国军人，与俄国将军签订了一项中立条约。这一做法遭到了腓特烈的反对，但却受到了普鲁士人民狂热的认可。约克在科尼斯堡召集了一次集会，并大胆下令，将所有能够使用武器的男人都征召到普鲁士军队中。

这件事所展示的民意力量之巨大，就算是国王也无法阻挡。其迅速发展成为一场所有阶层都参与其中的民众起义。这是德意志第

---

① 布吕歇尔（1742—1819年），Blücher，即格布哈德·列博莱希特·冯·布吕歇尔，瓦尔施塔特公爵，普鲁士元帅，在数次重大战役中名声远扬。——译者注

一次伟大的爱国运动，引燃这一运动的荣耀归属于普鲁士。正是普鲁士的人民，把他们所有男人变成了一支军队，把他们的国家变成了一个武器库，他们齐心协力，不再忍受他们的国王给他们带来的耻辱。此前，人民由他们的统治者领导。现在转眼之间，他们就要成为领导者，国王和诸侯们迫于无奈而跟随着他们。

莱比锡战役

不到5个月，就有27万人武装起来，腓特烈不得不与俄罗斯和瑞典联合，向法兰西皇帝宣战。奥地利保持中立，但莱茵联邦中除了这两个国家之外，仍然效忠于法国。

凭借其影响力，拿破仑又集结了一支大军，其规模几乎等同于他刚在俄罗斯牺牲的军队。战争于1831年4月份打响。到6月份，他的运气之星似乎日渐黯淡，奥地利提出和平调解。拿破仑将带来和解协议的梅特涅①一番羞辱，随后弗朗茨二世也加入了反对他女婿的同盟。到10月，战争结束了。

莱比锡之战之于德国人民，犹如耶拿战役和奥斯特利茨战役之于拿破仑。这一伟大胜利的消息令人振奋。从波罗的海到阿尔卑斯

---

① 梅特涅，Metternich，全名克莱门斯·文策尔·冯·梅特涅，1773年—1859年。奥地利政治家，亦是所在时代最重要的外交家之一。1809年任奥地利帝国外交大臣，1821年担任首相，历经两朝直到1848年费迪南一世逊位。——译者注

山脉,到处都回荡着欢欣鼓舞的气息。

巨船将沉,无须劝说,人们自会纷纷离开。杰罗姆·波拿巴逃离了他的威斯特伐利亚王国,莱茵联邦解体,荷兰、瑞士、意大利沦陷。符腾堡加入了盟军,这不是普鲁士的,而是全国的伟大解放运动。

盟军的盟友们向拿破仑提出将莱茵河、阿尔卑斯山、比利牛斯山和大海作为法兰西的国界线。但他仍然相信自己是无敌的,对这一提议嗤之以鼻。他的幸运之星确实已经弃他而去,因为当他在德国集结起他那支离破碎的军队,在几次小小的胜利中重新燃起希望时,他不知道的是,盟军正在向巴黎挺进!

拿破仑被废黜和国王路易十八

他知道得太晚了。历史上再没有更令人印象深刻的场景了,他在距离巴黎12里格①处的枫丹白露等待着,仍然认为自己会重获权力,却没有意识到他已经被废黜了!就算是现在,我们明确知道他是一个暴君和祸根,应该为他的失败而庆幸,但看到以上画面,我们仍不免双眸盈泪,为他的垮台而遗憾,由此我们可以看出他的影响力所具有的魔力以及他对人类施加的蛊惑的力量!

---

① 里格,长度单位,1里格约等于3英里(1英里=1.609 344千米)。——译者注

亚历山大和腓特烈·威廉，还有盟军都来到已经投降的巴黎，他们共同下令罢黜了拿破仑。

1814年4月6日，被处决的路易十六的弟弟路易十八被立为法兰西国王，而欧洲曾经的主宰者所分配到的是意大利海岸上的厄尔巴岛。

拿破仑归来

但是1815年3月，当君主们还在为他所留下的混乱而争论不休时，当塔列朗①像对旧主人一样忠实地为新主人谋划时，令人震惊的消息传来，拿破仑已经在法国登陆了。在人们欢呼雀跃迎接那个人的到来时，路易十八消失得无影无踪。

欧洲再次团结起来，人们又一次看到拿破仑率领一支强大的军队进攻。盟军中的一支由布吕歇尔指挥，另一支由威灵顿②指挥。

---

① 塔列朗（1754—1838年），Talleyrand，即夏尔·莫里斯·德塔列朗-佩里戈尔。法国主教、政治家和外交家。他的职业生涯跨越路易十六、法国大革命、拿破仑帝国、波旁复辟和奥尔良王朝时期。学术界对塔列朗的评价是高度两极分化的。有人认为他是欧洲历史上最多才多艺、熟练和有影响力的外交官之一；另一部分人则认为他是叛徒，依次背叛了旧制度、法国大革命、拿破仑和波旁复辟。——译者注
② 威灵顿（1769—1852年），Wellington，即第一代威灵顿公爵阿瑟·韦尔斯利。英国军事家、政治家，19世纪军事、政治领导人物之一。他与布吕歇尔共同指挥了滑铁卢战役。——译者注

战败滑铁卢

滑铁卢战役始于1815年6月18日上午。致使拿破仑最后垮台的荣耀归属于英格兰。威灵顿将他打败,然后布吕歇尔及时赶来,将其彻底歼灭。

前一年的错误可不能再犯了。从那一刻起,拿破仑成为囚犯和被流放者,直到他1821年在圣赫勒拿去世。他已经完成了自己的使命,命运已经把他抛在了一边!

第十八章

重建

现在，国家重建和领土重新分配的艰巨任务摆在了眼前。在这种混乱中，他们应该采用什么样的形式呢？就像1 800年前赫尔曼一样，人民的梦想是德国统一，不是帝国的更迭，而是一种伟大的新式国家，其形式比所有已知的形式都更为坚定，更为真实。但这些只是梦想，模糊渺茫，没有任何切实可行的想法。

与此同时，精通统治的艺术技巧的人正在决定一切该如何安排。外交大师、奥地利大臣梅特涅提出的计划被采纳了。

《联合法案》

由39个德国州将组成一个邦联。实现这一点的"联邦法"在德国人民耳边响起了悦耳的声音。《联合法案》将要生效，这对德国人民来说是一个好消息。但是联邦只存在于共同抵御外敌或者互相援助控制人民之时。这个联邦的外在可见的表现是在法兰克福举办的由奥地利首脑主持的联邦议会。

这就是那些解放了自己国家的人民将得到的报酬！他们根本没有得到承认，没有政治权利，没有选举权，并且除非经过一致表决，否则国会无权对这种形式的联邦做出修改。在以奥地利帝国为首的专制邦联中，德国人民实际上被抹掉，消失不见了。

奥地利帝国收回了它在意大利的领土。普鲁士收复了威斯特伐利亚以及在莱茵河边的领土，并将波兰领土割让给了俄罗斯。比利时和荷兰合并为荷兰王国。曾被拿破仑建立为王国的萨克森、符腾堡和巴伐利亚获准继续保持不变。瑞士成为一个共和国，通过塔列朗的成功外交手段，阿尔萨斯和洛林这些主权不确定的领土转给了法国。

以上就是部分领土调整。这些王国统治者的反动意图很快就显露出来。符腾堡国王最早的一个行动就是，将在莱比锡战役中倒向德国的将军革职，并送至军事法庭进行审判！如果当时没有人倒向德国，又哪来的符腾堡王国呢？在梅克伦堡，人们被公开宣布为农奴。黑塞-卡塞尔选帝侯让士兵穿上个世纪的衣服，无疑证明了他的倒行逆施。而几乎毫无例外，君主们给予德国人民最低限度的自由，以此来解释《联合法案》的条款。

人民的情结

德国人的思想和感情潮流的涌动是缓慢的，但却是深刻而持久的。他们从未过度追求自由，而只是要求建立一个更符合现有人权观点的政府。他们的失望是深刻而痛苦的。父亲们在家里认真地谈论他们的错误，而他们更激进的儿子们在大学里发表演讲，唱歌，他们一起建立社团，设立口号、徽章和标志，这一切行动都源于鼓舞人心的思想——团结和自由。

这开始看起来像是一场革命。新闻自由被废除了。学生和技术工人们被禁止建立社团，大学受到政府的直接控制。一个粗暴的警察体系建立了起来。数以百计的年轻人被投入监狱，更多的人逃离了这个国家。

但是，虽然这种镇压制造了一种平静的表面，但并没有改变表面之下的情况。与此同时，俄罗斯、奥地利和普鲁士之间形成了一个"神圣同盟"，目的是压制其他国家对自由的渴望，因为那些国家也流行着这种极其讨厌的现代精神。

但在1830年，法国爆发了一场民众起义。被谋杀的路易的另一个兄弟，查理斯十世所奉行的反动政策与德国君主所采取的政策完全相同，但在法国那样做已经过时了。人们举行了一个小小的仪式，就把波旁王朝抛在一边，建立了以路易·菲利普[①]为首的君主

[①] 路易·菲利普（1773—1850年），Louis Philippe，1830年，立法议会选举他为王国摄政。1848年2月24日逊位，隐居于英格兰的萨里并于1850年去世。——译者注

立宪制。这在德国重新激起了一种潜在的观点。虽然并不是全体人民都站了出来,但其威胁如此之大,国会担心会出现更多的极端抵抗,因此很快就做出了一些改革和让步。

弗朗茨二世去世

1835年,弗朗茨二世去世,他的儿子斐迪南一世[①]继位,他几乎是个弱智。1840年,普鲁士的腓特烈·威廉三世也去世了,他的儿子腓特烈·威廉四世[②]成为国王。梅特涅现在管理着奥地利的政务,威廉·冯·洪堡[③]是普鲁士新国王的顾问,他用一切都会更好的希望来鼓舞人民。虽然这位国王促进了科学和艺术的发展,但他并没有用心纠正政治上的谬误,因此事态逐渐向危机演变。

---

① 斐迪南一世(1793—1875年),Ferdinand Ⅰ,奥地利皇帝(1835—1848年在位),他智力很低,头部过大,四肢过短。在位时并无实权,完全受首相梅特涅摆布。——译者注
② 腓特烈·威廉四世(1795—1861年),Friedrich Wilhelm Ⅳ,霍亨索伦王朝的普鲁士国王,1840—1861年在位。——译者注
③ 威廉·冯·洪堡(1767—1835年),William von Humboldt,德国学者、政治家和柏林洪堡大学的创始者。他是普鲁士的教育改革的推动者,同时也是普鲁士的外交官。——译者注

法兰西的共和国

法国的革命又一次刺激到了德国。1848年,路易·菲利普像他的前任一样被毫不客气地抛弃,一个以伟大的拿破仑的侄子路易·拿破仑为首的共和国宣布成立。

这位新的波拿巴是曾被拿破仑任命为荷兰国王的路易·波拿巴的儿子。他娶了约瑟芬的女儿霍滕斯。命运注定,他是被抛弃的约瑟芬的后代,而不是拿破仑的后代,将会统治法国。

法兰西宣布成立共和国,唤醒了欧洲沉睡的革命力量。不是在一个地方,也不是在两个地方,而是同时在德意志的每一个王国都冒出了火苗。由科苏特(Kossuth)领导的匈牙利发生了叛乱,为从哈布斯堡家族手中解放而拼死反抗。在意大利,年轻的撒丁岛国王维托里奥·埃马努埃莱[①]正试图把奥地利派遣的米兰总督赶出国门,当他被击退时,他向进军的奥地利人挥舞着剑,预言说:"必定会有另一个意大利!"当意大利和匈牙利发生着这样的事情的时候,维也纳的人们也在战斗。自由的新鲜空气甚至渗透到了专制观念的最后据点。在这个动荡的时刻,皇帝斐迪南退位,他的小侄子弗朗茨·约瑟夫[②]登上了奥地利的王位。

[①] 维托里奥·埃马努埃莱(1820—1878年),Victor Emmanuel,意大利统一后的第一个国王(1861—1878年)。——译者注

[②] 弗朗茨·约瑟夫(1830—1916年),Franis Joseph,奥地利皇帝兼匈牙利国王(1848—1867年),奥匈帝国缔造者和第一位皇帝,在他长达68年的统治中,获得大多数国民的敬爱,因此在晚年被尊称为奥匈帝国"国父",也成为奥地利的标志性存在。——译者注

每个国家人民共同要求的是:言论和新闻自由;每个人都有权携带武器;人人有权为达到政治或其他目的在他们喜欢的时间和地点集会;由陪审团进行审判;废除讨厌的国会,彻底改组国家政府。

诸侯们吓坏了。他们似乎马上就要像路易·菲利普一样被驱逐。

如果人民了解自己的力量或知道如何使用它,事情的确会这样发展。但他们的机会逐渐溜走了。统治者做出了让步,人们获得了新的自由,但他们渴望的团结却以另一种意想不到的方式出现了,在以后的10年里,联邦将会继续保持不变。

欧洲革命之火燃烧

然而,尽管与人们所希望的相比,他们的奋斗成果似乎微乎其微,但是统治者做出了一个巨大的让步。在危机的压力下,国会同意采取措施,最终成立了国民议会。

当国民议会在法兰克福举办时,德意志爱国者认为解放的时刻已经来临。他们满怀希望和信心地认为,当600个品格高尚、充满智慧的人聚集在一起,在"人民主权"的基础上制订一项新的联合计划时,他们的目标就已经实现了。

但是,这样一项任务需要的不仅仅是爱国主义和热情,以及对人权的理论观点。它需要实际的政治经验和明确的行动计划。他们试图协调矛盾的意见,但是徒劳无功,最终通过了一项联合计划,腓特烈·威廉四世当选为"世袭的德国皇帝"。

除了较小的几个国家之外,所有的国家都拒绝接受这个提议,腓特烈·威廉本人也拒绝了这个头衔,他说:"他们忘记了德意志还有很多诸侯,而我也是他们中的一员。"

因此,改组政府的尝试是一场悲惨的失败,国民议会逐渐解散。与此同时,欧洲的革命之火已经熄灭。匈牙利再次屈从于哈布斯堡家族的统治,奥地利也再次在意大利占据了至高无上的地位;而点燃这场战火的法兰西共和国则变成了君主制国家。

人民一派没有发展出一位伟大的领导人,也没有表现出抓住机会的能力。沮丧又失望的人们看着1851年在法兰克福恢复了旧的联邦议会,并意识到他们又回到了联邦,虽然制度略有改进和修正,但是他们仍处在奥地利的统治之下。

1851年,路易·拿破仑夺取了帝国政权,这给了德国统治者以新的力量。这表明了人民政府的不稳定,人民短暂的疯狂情绪一旦平息,他们就肯定会回到他们父辈的老办法上来。

因此,所有的事情凑在一起压制着人们的愿望,使得1848年唤醒的希望成为一种诱人的错觉。对于德国的爱国主义者而言,那时不是黑夜,而是阴暗沉闷的白天。这个国家被一种无人知道如何打破的魔咒禁锢着。

1857年,腓特烈·威廉四世中风,他的弟弟威廉王子被任命为摄政王。

意大利革命

法兰西的新皇帝，身上背负着其伟大姓氏的压迫感，正在寻找机会成为拿破仑式的人物。1856年，他与英格兰结成了反俄联盟。联盟本身给他的伟业相对脆弱的结构带来了压力，而克里米亚战争的结果又大大稳固了他的伟业。1859年，意大利为摆脱奥地利的控制而徒劳地挣扎着。

伟大的梦想家马志尼（Mazzini）和军人、爱国者加里波第（Garibaldi），以及同样爱国的政治家加富尔（Cavour），虽然有着不同的目的，但是他们共同努力摧毁奥地利的枷锁，这是建立任何形式的意大利国体都要面临的首要问题。精明的政治家从拿破仑三世的雄心中看到了实现这一目标的方法。

国王维克多·埃马纽尔和普鲁士国王威廉一世

当拿破仑三世许诺要建立一个"从阿尔卑斯山到亚平宁山脉自由的意大利"时，当马真塔（Magenta）的辉煌胜利随后就是索尔菲里诺（Solferino）的胜利时，当年轻的弗朗茨·约瑟夫泪流满面命令他的败军从明乔河畔（Mincio）撤退时，几个世纪的梦想似乎就要实现了。接着传来了一个令人震惊的消息：两位皇帝正在维拉夫兰卡就和平条款进行磋商！威尼斯是不会被解放的。"荣耀教皇之下"的意大利王国得到了巩固——不管这意味着什么——并宣布了"大赦令"。失望的爱国者们闷闷不乐，愤怒不已，看着威尼斯和萨伏伊被移交给法国，法国军队进驻罗马，而法国皇帝却假扮成未被解放的意大利的解放者！虽然众神的磨盘移动得非常缓慢，但是却研磨得极其精细。维托里奥·埃马努埃莱和一个复兴的意大利即将到来，德意志也将迎来一个新时代。

腓特烈·威廉四世去世，威廉一世①于1861年加冕为普鲁士国王。

---

① 威廉一世（1797—1888年），Wilhelm Ⅰ，普鲁士国王，1871年1月18日就任德意志帝国第一任皇帝。他死后，因为德意志统一，被其孙威廉二世尊为大帝，号称"威廉大帝"。——译者注

第十九章

威廉国王和俾斯麦

威廉国王早就已经不年轻了。他已经度过了漫长的一生（64年），从未想过要登上王位。他没有他兄弟那样才华横溢，也不太关心科学和文学，但是他深刻地了解自己的职责；很明显，普鲁士获得了一位睿智高明的国王，他唯一关心和追求的就是国家的繁荣昌盛。

他的第一个行动是彻底整编军队。然后，他开始四处寻找一个足够聪明、足够强壮、可以依靠的人。奥托·冯·俾斯麦-申豪森男爵（Baron Otto von Bismarck-Schönhausen）①此时刚刚从圣彼得堡回来，他之前在那里担任普鲁士大使。

他是一个极端保守派，自由党和民族党对他怀着不亚于对梅特涅的憎恨和恐惧。但没有人比他更了解奥地利的政策，以及构成德

---

① 奥托·冯·俾斯麦（1815—1898年），劳恩堡公爵，普鲁士王国首相，是19世纪德国最卓越的政治家，担任普鲁士首相期间通过一系列铁血战争统一德意志，并成为德意志帝国第一任宰相。因其奉行"铁血政策"，人称"铁血宰相"。——译者注

国政治网络的所有复杂线路。

这个人被选为国王大臣对自由主义者来说是个不祥的预兆。未来从没有像黎明前的这一刻这样黑暗过。

但是,就像另一种风暴一样,巨大的政治风暴也充满了惊喜。我们所恐惧的不祥的暴风云滚滚而去,平静地消散开,而那些不比人手大的小云朵则突然膨胀起来,遮天蔽日。一场灾难性的风暴正在石勒苏益格-荷尔斯泰因州聚集并向德国袭来。

石勒苏益格-荷尔斯泰因

关于石勒苏益格-荷尔斯泰因州混乱的本质,有人(是比肯斯菲尔德吗?)诙谐地说,欧洲只有两个人明白这一点,一个是他自己,另一个已经死了。但这种说法并不对。在普鲁士有一个人明白这一点,他利用它做出了自己深远的规划。

错综复杂的网络中的主线如下:

在丹麦和普鲁士之间,石勒苏益格和荷尔斯泰因这两个相邻的公爵领地构成了一座大约150英里长、50英里宽的天然桥梁,顺便说一句,这是盎格鲁-撒克逊种族的诞生之地,盎格鲁人居住在石勒苏益格,撒克逊人居住在荷尔斯泰因,当时他们仁慈地保护不列颠人不受皮克特人和苏格兰人的伤害。

因此,盎格鲁-撒克逊家族的每一个成员的血统根源都可能追溯到那片肥沃的牧场。

这个地方多年来一直处于丹麦的保护之下，丹麦国王凭借自己的地位，兼任石勒苏益格-荷尔斯泰因公爵，正如德意志皇帝现在因其帝国职务也同时是普鲁士国王一样。

但是，这个小民族绝没有因为这种安排就与丹麦人合并，相反，他们非常小心翼翼地保留着自己的特点和祖先的传统。其中之一就是将女性排除在王室继承之外的法典——撒利族法典，几个世纪前由他们的法兰克祖先在萨阿勒河岸制定，是他们宪法的一部分。因此，1862年丹麦国王腓特烈七世去世后，在没有男性继承人的情况下，克里斯蒂安九世成为国王，这两个公国的人民坚决拒绝承认他为他们的合法统治者，但他们认为继承权应该归还给直系男性继承人腓特烈八世公爵。

如果丹麦也实行撒利族法典，现在成为丹麦国王就不是克里斯蒂安九世，而是这位腓特烈公爵（年轻的德意志皇后的父亲）。但事实并不是这样，因此，俄罗斯皇太后、威尔士公主以及希腊国王乔治的父亲克里斯蒂安于1862年成为丹麦的合法国王，他的继承权并未因母系血统受到损害。

提议分裂

石勒苏益格-荷尔斯泰因奋起反抗其统治者，因为根据他们的宪法，这位统治者并不是王室继承顺序的第一人，他们坚持要让德意志的腓特烈公爵成为统治者。丹麦自然予以反击。不管有没有撒利族法典，这两个公国都是丹麦的，并且应该一直属于丹麦。当然，必须要征求德国邦联的首脑奥地利的意见，奥地利也同意与普鲁士联合，迫使两个公国割让领土，如果不是欧洲列强加以干预，禁止这种侵犯丹麦权利的行为，这两个公国就会很快被吞并。

正是在这场危机中，俾斯麦（Bismarck）被任命为普鲁士首相，并在欧洲这个棋盘上开始了一系列精彩的动作。

丹麦国王克里斯蒂安很高兴能够保住那两个难以驾驭的公国，他决定更进一步，也就是通过一部新宪法，将这对孪生公国分离开，实际上就是把石勒苏益格从荷尔斯泰因分离出来，永久地与丹麦合并。

这直接违反了1852年在伦敦与各大强国签订的条约，并为战争提供了相应的借口。

合适的时机和人选已经到来。俾斯麦凭着一个优秀棋手的直觉，看到了他的机会，就把他的棋子——石勒苏益格-荷尔斯泰因推上来，说："将军！"

普鲁士和奥地利大军涌入丹麦，短短几个星期后，繁华的地峡处的公国就不再属于丹麦，归属了德意志。

奥地利慷慨地说："我们将平分战果。石勒苏益格将归属于普鲁士，荷尔斯泰因将归属于奥地利。"

对普鲁士来说，还有什么比这更可憎的吗？奥地利暴政的长臂一直延伸到他们的土地上,甚至染指到他们的北部海岸!那还不如就让丹麦人留在那里。但是一切等待都会有结果,而且,俾斯麦已等待许久。

不管是奥地利还是德意志人民对首相的深谋远虑都没有丝毫了解。当他说德国的问题"只能用鲜血和钢铁来解决"时,人们把它解释为残暴的专制言论。当他们似乎要因为微不足道的荷尔斯泰因事件而卷入与奥地利的战争时,他们十分震惊,认为这个不顾一切的人正为了实现自己的野心而给普鲁士带来灭顶之灾。他们只有1 900万人口,要如何对抗拥有5 000万人口的奥地利呢!

但俾斯麦对这些并不关心,也不理睬。他太专注于自己的博弈了。他知道一件似乎没有人知道的事,就是除非摆脱了奥地利的控制,否则德国是没有任何出路的。

反奥地利战争

他又一次推出了他颇有用处的棋子,说"将军",但这一次是说给奥地利皇帝听的。天啊!这是一场值得一看的博弈。欧洲和美国顾不上喝咖啡,全神贯注研究着棋盘中所走的每一步棋。弗朗茨·约瑟夫没有他精明的对手看得更远,他的对手锐利的目光已经看向将来摆脱了奥地利而复兴的德国。

战争的时间很短(只有7个星期),但准备工作很周密。德国将永远铭记1866年7月3日。就像滑铁卢一样，赫拉德茨-克拉洛韦的萨多瓦战役决定了这场博弈的胜负。威廉国王在那里，王储也在那里。王储因他卓越的军事成就而成为"我们的弗里茨"，他是现代欧洲的理想王子和军人。在萨多瓦战役中，弗朗茨·约瑟夫被击败，死了。奥地利的恐怖奴役不复存在。也难怪人们欢欣鼓舞，将弗里茨视为偶像，把俾斯麦尊为半神。

在治疗之前能够做出正确诊断的才是好医生。俾斯麦知道为何之前建立德意志联盟的尝试都徒然无功。他知道，在彻底摆脱奥地利之前，这样的联盟是不可能存在的。

一种气势汹汹的反感情绪随之而来。曾经专制分子所倚靠的人现今成为受人爱戴的自由党领袖。他毫不在意人权理论，他个人倾向于专制而不是自由，但他敏锐地发觉到自由政策和人民的热烈支持所带来的好处。

北德联盟

一个称为北德联盟新邦联成立了，其议会由人民选举产生。这个联盟由除巴伐利亚、符腾堡和巴登州以外的所有州组成。

这几个州统一由类似于美利坚合众国政府的联邦总政府管辖，普鲁士国王担任总统，俾斯麦担任总理。

这个新联邦之下是新教徒和普鲁士人，彻底与天主教和奥地利人分离。在短短的5年时间里,情况发生了多大的变化!的确,"血与铁"对德国来说是一剂良药!

1763年,普鲁士经过与奥地利的7年苦战赢得了西里西亚省。仅仅过了一个世纪,1866年,一场为期7周的战争,使普鲁士成为稳固统一的德意志的国家首脑。一场如此短暂的冲突带来了如此惊人的战果,这是一件可以载入历史的非凡事件:如果是这样的战利品,必要时就算是战斗7年也不算久!

那我们种族的诞生地,可怜的石勒苏益格–荷尔斯泰因怎么样了呢?如果怀抱着任何天真的期望,指望能从普鲁士的辉煌战绩中获益,那它就要失望了。它必须意识到,对于德国来说,它只不过是打开机会之门的一个卑微节点。

第二十章

拿破仑三世计划推翻普鲁士的统治

在法国,有一个人对这种翻天覆地的变化尤其反感。拿破仑三世,坐在崭新辉煌的新建王位上,兢兢业业,致力于打造一个帝国,并为拿破仑血统树立声誉。这种血统当然是专制的。因此,自由主义在德国的胜利,奥地利新政权的建立和驱逐专制,对他的政策和威望都是一个沉重的打击。这削弱了他在欧洲和国内的地位,他渴望成为欧洲的权威,而在国内,他希望被看作是战无不胜的军事人才和治国领袖。

克里米亚、马真塔和索尔菲里诺曾经是装饰他统治时期的华丽勋章,但自从这场变革性的战争持续7周之后,那些勋章光芒骤减,变得平淡无奇。然后,他在墨西哥建立帝国的宏伟计划——一个哈布斯堡统治下受法国保护的国家——不幸地失败了。现在一个新的政权——德国突然冒了出来,其实力不断上升,堪比法国。法国人开始质疑,这个伟大的领袖,会不会最后注定要走上他叔叔的老路!

显然，他要做的是打击以普鲁士为首的新生力量，用一场辉煌的胜利挽救他日益衰落的威望。

如果皇帝还有什么疑虑的话，也都被美丽的欧仁妮皇后（Eugénie）打消了。欧仁妮是一位虔诚的天主教徒，她从新教徒普鲁士的崛起，以及天主教奥地利的耻辱中，看到了欧洲天主教信仰所遭受的无情打击。

因此，一场战争注定要发生了。但是有一个问题，那就是没有发动战争的理由！但这个问题很快就会得到解决，1870年，战争的借口出现了。

西班牙王位空缺

空缺的西班牙王位一直是欧洲动乱的一个根源，而此时伊莎贝拉女王已经被驱逐出西班牙。在几位候选人中，霍亨索伦的利奥波德王子当选为国王，他是普鲁士威廉一世的亲戚。

法国大使贝内德蒂（Benedetti）[①]接到紧急命令，要求威廉国王阻止利奥波德王子接受王位。

国王回答说："我之前没有给出建议，现在也不能阻止。"然而，令国王失望的是，霍亨索伦王子自己拒绝了，引起战争的理由

---

① 贝内德蒂（1817—1900 年），Benedetti，法国外交官，点燃普法战争的重要人物。——译者注

似乎又没有了。

贝内德蒂和威廉国王

但是欧仁妮皇后一心想着她的目标，战争的狂热深深地影响了法国人民。于是，贝内德蒂收到了一份关键命令——"对国王无须多礼"。

和蔼可亲的老威廉国王正在埃姆斯平静地晒着太阳，这时大使无礼地走近他，唐突地要求他保证霍亨索伦家族不会占据西班牙的王位。其语言粗俗无礼，态度盛气凌人——当然这是有意为之的。

国王意识到他故作无礼，没有回答，转身离开，任由贝内德蒂站在那里。机会来了，电报迅速将法国大使受到普鲁士国王公开侮辱的消息传播开来。法国勃然大怒。这些普鲁士人要受到教训，伟大的法兰西帝国不能平白无故受到侮辱而不施惩罚。

法兰西宣战

法国人从未怀疑过战争的结果，他们认为法国军队是战无不胜的，德国南部的各州将会为这次的解救欢欣鼓舞。他们将迎接这支入侵的军队，也许黑塞和汉诺威也会起义，新的普鲁士邦联将在他们手中瓦解。拿破仑一世的生日，8月15日，必须在柏林庆祝！

这就是法国军队出发时所怀抱的美好期望，皇太子也随军出行，他可以亲眼见证他父亲的胜利，并从中学到，这就是人们冒犯帝国尊严而招来的报复，而终有一日，这份尊严将由他来守护！

法国的情形就是这样。那德国怎么样了呢？那里不再有北德和南德之分，人民和国家紧密结合为一个整体，由此可见这种仅仅存在了4年的纽带——爱国主义，是多么重要。

它不再是一个凭借共同目标联合起来的德意志种族，而是具有同一生命的德意志国家，并郑重下定决心捍卫它。在仅仅11天的时间里，就组成了一支45万兵力的大军，听凭毛奇[①]指挥，王储腓特烈·威廉担任三大军团之一的指挥官。

在不到3个星期的时间里，法国人没能在德国发动侵略战争，反而在自己的土地上为生存而战。

不到1个月，法兰西皇帝沦为囚犯，7个月后，他的帝国被洗劫一空，不复存在；德国人占据了巴黎，威廉国王、弗里茨爵士、俾斯麦和冯·莫尔特克都驻扎在凡尔赛。

法国已经放弃了阿尔萨斯和洛林，同意支付5亿法郎的赔偿金，而且只要能得到和平，他们情愿付出这样高昂的代价！

梅茨投降（1870年8月4日）和莎丹投降（1870年9月2日）都是

[①] 毛奇（1800—1891年），Moltke，即赫尔穆特·卡尔·贝恩哈特·冯·毛奇，普鲁士和德意志名将，普鲁士和德意志总参谋长，军事家，通称"老毛奇"。德国陆军元帅。——译者注

巨大的灾难，一个骄傲而强大的国家遭受了历史上前所未有的毁灭性的打击，直到1871年5月10日，"和平条约"在巴黎签署，事情才算结束。

德意志帝国加冕世袭皇帝

甚至南部的3个州——巴伐利亚、符腾堡和巴登——也参与了这场普法战争。因此，建立完整联盟的最后一个障碍也被移除，1871年1月18日，凡尔赛宫的镜厅里发生了戏剧性的高潮事件。

就是在这个黎塞留、路易十四和路易十五曾密谋陷害、削弱和侵占德国，拿破仑一世曾策划毁灭德意志帝国的地方，巴伐利亚国王，路德维希二世以所有德国州的名义，联合效忠于普鲁士国王威廉，乞求他登上王位，并接纳"德意志帝国世袭皇帝"的称号。

从第一任韦尔夫公爵时代起，巴伐利亚就一直是帝国的眼中钉，它代表着一切保守、专制和反动的势力，但是巴伐利亚竟然在最后的行动中采取了主动，为自由主义在德国的胜利奠定了基础。这是为其过去所造成的麻烦做出的充分补偿！

德军的返程成了一场胜利的游行，得到广大人民无穷的热情欢迎。从那段阴郁沮丧的日子算起，还不到10年，已经发生了那么大的变化！这都是鲜血和武器的功劳吗？当然，这些都是强大有力的因素，但它们是被人类高超的智慧所运用的，这种智慧也认识到了爱国主义的力量。刚刚组建的帝国只不过是北德联盟的复兴。

赫尔曼的梦想终于实现了，德国终于实现了统一。

皇帝威廉一世之死

1888年，年事已高的威廉一世皇帝逝世，王冠落在他儿子腓特烈①的头上，这位受人爱戴的王子已不再处于风华正茂的时期，而正忍受着世俗荣誉无法挽救的迅速衰退。当他终于有机会执行他打算对德国采取的政策时，他已经病入膏肓，濒临死亡。

我们永远不会知道他的政策是什么，也不知道其是否会是一项安全明智的政策。我们相信他的政策会是仁慈的，因为没有比他更温和仁慈的王子曾经拥有掌握权力的机会。

保守党，特别是俾斯麦和另一个与他更亲近的人所表现出来的对他的不信任，使我们相信他的政策非常倾向于1860年爱国者的理想。但我们永远不会知道了。我们只能猜测，腓特烈三世的死亡究竟是使德国逃过了一次浩劫，还是错失了一个良机。

---

① 腓特烈三世（1831—1888年），Frederich Ⅲ，德意志皇帝及普鲁士国王，1888年3月9日其父威廉驾崩，腓特烈继位，1888年6月15日其因喉癌治疗无效而病逝，时年56岁，在位仅99日，故称"百日皇帝"。——译者注

威廉二世皇帝

不合时宜的纷争，令人忧心的复杂情况，折磨着这位垂死之人，这是历史上最令人悲伤的篇章之一；他为期3个多月的统治根本无法与他的苦难相提并论。最后终于结束了，未受玷污的灵魂离开了饱受折磨的身体，威廉二世[①]接任他的王位。

历史不对生者做出评判。当年轻的威廉二世皇帝解雇了他伟大的宰相时，他承担了帝国的全部责任。无论他是否具备独自控制国内势力所需的知识和智慧，是否能够在欧洲急流的旋涡中掌握他的帆船，且看以后的历史发展和评判。

但有一件事是确定无疑的。今天花费时间加固德国的旧铁链都是白费力气；想要长治久安，统治者必须抛弃中世纪，必须认识到，在他的国家，长期权力的真正来源是一种情结，正是这种情结，在1814年将它从拿破仑手中解放出来，又在1871年使它成为一个统一的德国。

---

① 威廉二世（1859—1941年），Wilhelm Ⅱ，末代德意志皇帝和普鲁士国王，1888—1918年在位。——译者注

作者简介

[美]玛丽·普拉特·帕米利（1843—1911），美国史学家、作家。她于19世纪末和20世纪初写的国别简史是她成功的著作，包括法国、俄国、德国、英国简史等。她擅长用优雅的故事将该国不同的历史时刻串起来，所涉及内容广泛，通俗易懂。

译者简介

刘小君，毕业于北京语言大学，从事多年英语图书翻译工作，对翻译有着执着的热爱和兴趣。业余时间喜欢钻研历史书籍，具有很好的文学素养，擅长将晦涩的英文转化为通俗易懂的文字，尤其是历史文学。译著有《从一到无穷大》等作品。